Alexander Renkl
und Stefanie Beisiegel

Lernen in Gruppen:

Ein Minihandbuch

Verlag

Empirische Pädagogik e. V.
Bürgerstraße 23
D-76829 Landau
FON ++49-6341-906-177
FAX ++49-6341-906-166
MAIL info@vep-landau.de
WEB www.vep-landau.de

Titelbild & Layout

© Harald Baron

Druck

DIFO Bamberg

Zitiervorschlag

Renkl, A. & Beisiegel, S. (2003). Lernen in Gruppen: Ein Minihandbuch. (Materialien für Lehre, Aus- & Weiterbildung, Bd. 27). Landau: Verlag Empirische Pädagogik.

ISBN 3-933967-89-9

EIN PAAR WORTE VORWEG

Gruppenarbeiten können eine Lehreinheit bereichern und bei den Lernenden ein tiefes Gefühl des „Da haben wir uns wirklich etwas erarbeitet“ hinterlassen. Sehr oft aber verläuft sie unproduktiv: Es ist nicht klar, was erreicht werden soll, was zu tun ist, und was man dabei lernen kann. Dieses Buch vermittelt Ihnen alles Wesentliche, was es für effektives Lernen in Gruppen zu beachten gilt.

Beim Verfassen dieses Buches lagen uns drei Dinge besonders am Herzen:

Erstens sollte es ein kurzes und „knackiges“, aber dennoch hilfreiches Buch werden. Nicht wenige sind in der heutigen Zeit beruflich sehr belastet, Zeit für das Lesen „dicker Schinken“ bleibt da kaum. Es war unser Ziel, ein prägnant geschriebenes Buch, das auch „Vielbeschäftige“ noch in ihrem Zeitbudget unterbringen können, zu verfassen.

Zweitens war es uns wichtig, Ihnen nicht nur darzulegen, wie man Gruppenarbeit als „Profi“ durchführt, sondern Ihnen auch „reinen Wein einzuschenken“. Es wird Ihnen an sehr vielen Stellen dieses Minihandbuches gezeigt, dass auch bei gut vorbereiteter Gruppenarbeit immer Probleme auftreten können. Zugleich schlagen wir Ihnen aber effektive Gegenmaßnahmen vor, so dass Sie eventuellen Problemen gelassen entgegensehen können.

Drittens sind unsere Ausführungen in der empirischen pädagogisch-psychologischen Forschung fundiert. Erwachsenenbildungsliteratur beinhaltet leider sehr oft Aussagen, die eindeutig im Widerspruch zu gesicherten Befunden der Lehr-Lern-Forschung stehen. Unser Buch basiert auf dem Wissen über die umfangreiche Forschung zum Lernen in Gruppen.

Wir wünschen Ihnen bei der Lektüre dieses Buches viel Spaß und hoffen, dass Sie unsere Vorschläge in die Praxis umsetzen. Sie werden sehen: Es lohnt sich!

Freiburg, im Mai 2003

Alexander Renkl und Stefanie Beisiegel

UM WAS ES EIGENTLICH GEHT!

1. KOOPERATIVES LERNEN: WAS IST DAS?

Es geht in diesem Buch um kooperatives Lernen. Klar?

„Jein“, so sagt uns die Erfahrung aus vielen Vorträgen und Seminaren. Zwar stimmen fast alle Personen, die sich mit diesem Thema beschäftigen, mehr oder weniger darin überein, was unter kooperativem Lernen zu verstehen ist. Es gibt jedoch zwei Fragen, die hier immer wieder auftauchen:

1. Warum sprechen wir von kooperativem Lernen und nicht von Gruppenarbeit?
2. Was genau fällt alles unter kooperatives Lernen?

Warum sprechen wir von kooperativem Lernen und nicht von Gruppenarbeit?

Im Anschluss an Vorträge oder Seminare zum kooperativen Lernen werden wir oft gefragt, warum wir diesen Begriff verwenden und wir nicht einfach nur von Gruppenarbeit sprechen. Für die Antwort müssen wir kurz ausholen.

Gruppenarbeit verwendet man in zweierlei Zusammenhängen, wenn es um Lernen und wenn es um Problemlösen geht. Während es beim Lernen darauf ankommt, dass jeder Einzelne in der Gruppe von der Zusammenarbeit profitiert und etwas dazulernt, steht beim Problemlösen, wie der Begriff schon besagt, die Lösung eines Problems im Vordergrund. Im letzten Fall ist es von nachgeordneter Bedeutung, inwieweit jedes Gruppenmitglied aus der Zusammenarbeit etwas gelernt hat. Bei Lernen in Gruppen ist die Qualität eines möglichen Produkts bzw. einer Problemlösung zweitrangig, wenn nur alle Gruppenmitglieder etwas gelernt haben. Da sich die Hauptziele der beiden Arten von Gruppenarbeit unterscheiden, sind die Gestaltungsrichtlinien, die von zentraler Bedeutung sind, nicht identisch.

So nun zur Antwort: Wir wollen mit der Überschrift klarstellen, dass wir uns „nur“ auf Lernkontexte beziehen. Wenn in diesem Buch von Gruppenarbeit die Rede ist, so bezieht sich diese immer auf die Unterform des kooperativen Lernens und dient damit dem Hauptziel des Lernens *aller* Gruppenmitglieder. Nach dieser Klarstellung werden beide Begriffe im Folgenden austauschbar verwendet.

Was genau fällt alles unter kooperatives Lernen?

Bezüglich dessen, was unter kooperatives Lernen bzw. Gruppenarbeit zu verstehen ist, ergeben sich typischerweise zwei Unklarheiten. Die erste bezieht sich auf die Frage, ob es sich auch um Gruppenarbeit handelt, wenn zwei Personen zusammenarbeiten. Jenseits aller akademischen Diskussionen um das, was eine Gruppe ist, lautet unsere Antwort: Ja! Entscheidend ist, dass die Interaktion zwischen Lernenden im Vordergrund steht und nicht eine

Lehrer-Schüler-Interaktion (zu kooperativem Lernen in Zweiergruppen siehe z. B. Kap. 13).

Die zweite Unklarheit bezieht sich auf die Aktivität während der Gruppenarbeit. Wenn Lernende kontrovers diskutieren, wenn sie Informationen zusammentragen und diese integrieren oder wenn sie sich gegenseitig auf Missverständnisse aufmerksam machen, so wird dies allgemein als Gruppenarbeit aufgefasst. In der empirischen Lehr-Lernforschung wurden jedoch viele Kooperationsformen entwickelt, bei denen das gegenseitige Lehren im Vordergrund steht. Da diese Lernformen weniger einen „gleichberechtigten" Austausch als ein jeweils zeitweiliges Erklärer-Zuhörer-Verhältnis beinhalten, fällt es vielen, insbesondere Lehrerinnen und Lehrer, hier schwer, von Kooperation zu sprechen. In diesem Buch zählen wir jedoch Formen gegenseitigen Lehrens zum kooperativen Lernen (vgl. z. B. Kap. 17), zumal sich diese Lernformen als besonders effektiv bewährt haben.

2. KOOPERATIVES LERNEN: ANSPRUCH UND WIRKLICHKEIT

Anspruch

In erster Linie verspricht man sich vom Einsatz kooperativer Lernformen eine Aktivierung der Lernenden. Sie sollen sich geistig aktiver mit dem Lernthema auseinandersetzen, wie dies typischerweise bei lehrergesteuerten Lehr-Lern-Formen, z. B. dem Vortrag oder dem Unterrichtsgespräch, der Fall ist. Welche geistigen Aktivitäten spezifisch aktiviert werden sollen, hängt von der konkreten Zielsetzung einer Gruppenarbeit ab (vgl. Kap. 3). Dies kann beispielsweise die Aktivierung der Vorerfahrungen der Lernenden, die kritische Reflektion präsentierten Stoffes oder das aktiv-reflektierte Aneignen von Stoff, um ihn später erklären zu können, sein.

Neben den lernerfolgsbezogenen Zielen werden vielfach weitere Zwecke kooperativen Lernens thematisiert, so etwa Kooperationsfertigkeiten fördern, Lernen lernen, sozialen Zusammenhalt innerhalb der Lerngruppe und damit Lernmotivation stärken und vieles andere mehr. Diese zweifellos wichtigen, aber dennoch in einer konkreten Unterrichtseinheit meist sekundären Lernziele werden in diesem Buch nicht in den Vordergrund gestellt. Wir konzentrieren uns auf die Frage, wie Gruppenarbeit zu gestalten ist, damit der Lernerfolg optimiert wird.

Wirklichkeit

Wenn Lehrende Gruppenarbeit einsetzen, um die Lernenden zu aktivieren und den Lernerfolg zu erhöhen, klappt dies dann auch? Leider sehr oft nicht, denn Gruppenarbeit hat zwar ein großes Potenzial, den Lernerfolg zu fördern, ist aber zugleich eine sehr diffizile Lernmethode, die leicht misslingt. Sie alle, liebe Leserinnen und Leser, könnten wohl von Gruppenarbeiten berichten, die – formulieren wir es vorsichtig – suboptimal abliefen.

Was sind die Hauptprobleme?

Hier die sieben wichtigsten:

1. *Das „*Was-sollen-wir-denn-jetzt-tun*"-Phänomen*

Hinter derartigen Äußerungen stecken oft zwei sich gegenseitig verstärkende Unklarheiten. Erstens bleibt den Lernenden der Zweck der Gruppenarbeit verborgen. Ihnen wurde nicht klar gemacht, was damit erreicht werden soll. Zweitens sind die Lernenden unsicher, was sie in ihrer Kleingruppe genau machen sollen. Dies liegt neben dem genannten Grund des unklaren Zwecks der Kooperation meist auch daran, dass der (leider eben oft nicht sehr) konkrete Arbeitsauftrag nicht präzise genug ist.

*3. Das „*Der-Hans-der-machts-dann-eh*"-Phänomen*

Ein ganz typisches Phänomen ist, dass Einzelne „Trittbrettfahrer" spielen und einem oder auch mehreren anderen Gruppenmitgliedern die Arbeit überlassen. Die Gefahr dieses Phänomens steigt mit der Gruppengröße.

*4. Das „*Da-mach-ichs-doch-gleich-lieber-selbst*"-Phänomen*

Dieses Phänomen ist das Gegenstück zum vorigen Phänomen. Hier übernehmen die Kompetenteren oder Motivierteren in der Gruppe freiwillig den Löwenanteil der Arbeit, weil ihnen die Auseinandersetzung mit den anderen als zu mühsam, als zu wenig produktiv oder als die Sache nur unnötig verkomplizierend erscheint. Für das Produkt der Gruppenarbeit mag dieses Phänomen nicht unbedingt von Nachteil sein, für das Lernen der ganzen Gruppe ist es jedoch unbedingt zu vermeiden.

*5. Das „*Ja-bin-ich-denn-der-Depp*"-Phänomen*

Bisweilen ärgert sich „Hans", an dem die ganze Arbeit hängen bleibt, und er fragt sich, ob er denn der „Depp der anderen" sei. Dann stellt auch er seine Bemühungen ein und die Gruppenarbeit droht völlig zu scheitern.

*6. Das „*Kann-und-mag-ich-nicht-mach-du*"-Phänomen*

Bei Aufgaben, die gut geteilt werden können, neigen die Lernenden dazu, was man auch gut verstehen kann, diejenigen Teile zu übernehmen, die sie schon gut können; was „einem nicht so liegt", wird vermieden. Typisch ist beispielsweise, dass immer dieselben Personen die Gruppenarbeitsergebnisse präsentieren. Dies sind üblicherweise diejenigen, die dies auch gut können. Das Ergebnis solch einer Arbeitsteilung ist, dass man in erster Linie das lernt, was man eh schon kann; was man nicht kann, lernt man auch nicht.

*7. Das „*Ich-habe-meinen-Teil-erledigt*"-Phänomen*

Dieses Phänomen tritt ebenfalls primär bei Aufgabenstellungen auf, die man gut aufteilen kann. Einzelne suchen sich schnell einen Aufgabenteil aus, der ihnen liegt, erledigen ihn und fühlen sich damit „aus dem Schneider". Eine Kooperation kommt so nicht zustande.

*8. Das „*Gruppenarbeit-nein-danke*"-Phänomen*

Viele haben mit Gruppenarbeit negative Erfahrungen gemacht, so dass sie ihr gegenüber eine negative Einstellung entwickeln. Ist nun Gruppenarbeit angesagt, wird versucht, die Sache möglichst sparsam zu erledigen („Das Ganze bringt ja eh nichts") oder, für den Lehrenden noch schlimmer, es werden Boykottversuche unternommen, sei es durch provozierende Kommentare oder die Weigerung mitzuarbeiten.

All die genannten Probleme sind jedoch nicht notwendigerweise mit Gruppenarbeit verbunden, lediglich mit schlecht gestalteter Gruppenarbeit. Die nachfolgenden Kapitel zeigen Ihnen, wie Sie die möglichen Probleme in den Hintergrund treten lassen und dafür das lernförderliche Potenzial von Gruppenarbeit verwirklichen können.

WAS ES ZU BEDENKEN GILT: PLANUNG

3. WAS SOLL ERREICHT WERDEN? DIDAKTISCHE FUNKTION UND ZIELSETZUNG

Für die Auswahl einer geeigneten Gruppenarbeitsmethode ist es bedeutsam, sich darüber Klarheit zu verschaffen, was für eine Funktion die Kleingruppenarbeit im Gesamtkontext einer Lehr- und Lerneinheit haben soll. Die Zielsetzung der Gruppenarbeit muss dabei so klar wie möglich formuliert werden, denn die Ziele der Gruppenarbeit dienen als wichtige Richtschnur für weitere Entscheidungen, z. B. über die Art der Gruppenzusammenstellung. Außerdem sind die Teilnehmenden motivierter, wenn ihnen die Chancen, die die Gruppenarbeit in einem bestimmten Kontext bietet, klar sind.

Welche Funktionen kann die Gruppenarbeit haben?

Einstieg:
- Aktivierung von Vorwissen
- Sammeln von Ideen oder Fragen
  Zeitpunkt: Zu Beginn der Seminareinheit

Wissenserwerb:
- Gegenseitiges Lehren von neuem Stoff
- Anwendungsmöglichkeiten von Theorien, Konzepten und Methoden
  Zeitpunkt: Im Verlauf der Seminareinheit

Abschluss:
- Festigung des Stoffes
- Kritische Reflexion über das Erlernte
- Erstellen von Zusammenfassungen und Übersichten
  Zeitpunkt: Am Ende der Seminareinheit

Die Gruppenarbeitsmethoden, die in diesem Buch vorgestellt werden, lassen sich diesen drei Funktion zuordnen. Je nach unterschiedlicher inhaltlicher Schwerpunktsetzung sind manche Methoden sowohl für den Einstieg als auch für den Abschluss geeignet.

In den Kapiteln 9 bis 17 werden die einzelnen Gruppenarbeitsmethoden ausführlich dargestellt (siehe Tabelle 1). Dabei sind die Kapitel so aufgebaut, dass sie für ihr Verständnis nicht der Reihe nach gelesen werden müssen. Sie können nach Ihrem eigenen Interesse einzelne Kapitel auswählen.

Tabelle 1: Mögliche didaktische Funktionen bestimmter Gruppenarbeitsformen

Einstieg	
Partner-Kurzaustausch	Kap. 9
Pro und Kontra	Kap. 10
Onkel-Otto-Zettel	Kap. 11
Sandwich-Skript	Kap. 12
Wissenserwerb	
Pro und Kontra	Kap. 10
Skriptkooperation	Kap. 13
Kollegiale Beratung	Kap. 16
Gruppenpuzzle	Kap. 17
Abschluss	
Partner-Kurzaustausch	Kap. 9
Pro und Kontra	Kap. 10
Onkel-Otto-Zettel	Kap. 11
Sandwich-Skript	Kap. 12
Gegenseitiges Aufgabenstellen: Puzzle	Kap. 14
Gegenseitiges Aufgabenstellen: Verständnisfragen	Kap. 15

Damit die Zielsetzung der Gruppenarbeit auch erreicht wird, sind viele unterschiedliche Aspekte zu berücksichtigen: Die Wahl geeigneter Aufgaben, die Formulierung einer Arbeitsanleitung, die Entscheidung für eine bestimmte Art der Gruppenzusammenstellung usw. Die unterschiedlichen Aspekte erfolgreicher Gruppenarbeit werden nun in den folgenden Kapiteln näher erläutert.

4. ALLEINE GEHT DAS NICHT!

Geeignete Aufgaben

Nicht alle Aufgaben sind dazu geeignet, in Gruppenarbeit bearbeitet zu werden. Deshalb sollte diese Methode auch nicht nach dem „Gießkannenprinzip“ zur Anwendung kommen. Überlegen Sie sich vor der Gruppenarbeit, ob die Aufgabe, die Sie den Teilnehmenden stellen wollen, tatsächlich in sinnvoller Weise in Kleingruppen bearbeitet werden kann. Dazu können Ihnen folgende Hinweise dienen.

Daumenregeln zur Auswahl von Aufgaben

Aufgaben sind gruppengerecht, wenn bei ihrer Bearbeitung die Vorteile des Zusammenarbeitens von mehreren Personen zum Tragen kommen und sie nicht genau so gut durch eine Person erledigt werden können. Eine für Gruppenarbeit nicht geeignete Aufgabe ist z. B. die Beantwortung reiner Faktenfragen, die sich jeder Einzelne selbst aus einem vorgegebenen Text erarbeiten kann, ohne dazu die Unterstützung der anderen Gruppenmitglieder zu benötigen.

Gruppen sind Einzelpersonen bei der Bearbeitung von Lernaufgaben überlegen, wenn es darum geht,

- Ideen zu sammeln,
- unterschiedliche Aspekte eines Themas aufzugreifen,
- mehrere Lösungen für ein Problem zu finden,
- Thesen und Vorschläge miteinander zu vergleichen.

Besonders wichtig ist ...

dass die gewählte Aufgabe auch tatsächlich nur durch eine koordinierte Zusammenarbeit aller Teilnehmenden sinnvoll gelöst werden kann. Dies trifft dann zu, wenn die Teilnehmenden z. B. über spezifisches, unterschiedliches Wissen verfügen, das im Sinne der Aufgabenerfüllung integriert werden muss. Dies verhindert, dass die Teilnehmenden lediglich abwechselnd agieren oder nur einzelne Gruppenmitglieder an der Aufgabenbearbeitung beteiligt sind, während andere sich aus der Verantwortung zurückziehen (vgl. das „Der-Hans-der-macht´s-dann-eh“-Phänomen).

5. SO KLAPPT ES AM BESTEN!

Arbeitsanleitung

Fragende Blicke, Getuschel an den Tischen und verwirrende Zusatzerklärungen sind häufige Reaktionen auf Arbeitsanweisungen, die die Teilnehmenden nicht mit genügend Informationen versorgen. Denken Sie daran, dass Sie den Teilnehmenden gegenüber einen enormen Wissensvorsprung darüber haben, wie die Gruppenarbeit ablaufen soll und welches Ziel sie hat. Die Teilnehmenden können nicht Gedanken lesen, deshalb sind präzise Arbeitsanweisungen ein wichtiger Aspekt gelungener Gruppenarbeit.

Allgemeine Richtlinie

Die Vorgaben für eine Gruppenarbeit sollten immer so genau wie möglich formuliert werden, so dass die Teilnehmenden nach der Arbeitsvorgabe optimal arbeitsfähig sind. D. h. für die Teilnehmenden ist nachvollziehbar, warum gerade diese Arbeitsform gewählt wurde, sie haben die Aufgabe verstanden und verfügen über die notwendigen Informationen und Hilfsmittel zur ihrer Bearbeitung.

Checkliste: Was gehört in die Arbeitsanweisung?

- *Die Chancen der Aufgabe aufzeigen.* Dabei sind folgende Fragen wichtig: „Warum bearbeiten wir diese Aufgabe mit der Methode der Gruppenarbeit?“ und „Wie werden wir mit den Ergebnissen weiterarbeiten?“.

- *Die Aufgabe schriftlich festhalten.* Der Arbeitsauftrag sollte während der Gruppenarbeit präsent sein, damit die Teilnehmenden bei Unklarheiten die Aufgabenstellung nochmals lesen können. Es empfiehlt sich daher, die Aufgabe auf einem Plakat oder einer Folie festzuhalten oder als Arbeitsblatt an die Teilnehmer zu verteilen. Unterschätzen Sie die Bedeutung des schriftlichen Festhaltens der Aufgabenstellung nicht und vermeiden Sie den typischen Fehler zu denken: „Ach, das brauchst's nicht, das ist eh klar!“

- *Die Aufgabe kurz und prägnant formulieren.* So paradox es klingen mag, ausführlich erklärte Arbeitsaufträge verwirren zumeist mehr, als sie zur Klarheit beitragen, dies gilt vor allem für nachträgliche Erklärungen bei anfänglich verwirrenden Arbeitsanweisungen. Den Lernenden fällt es schwer, aus der „Wortflut“ den Kern herauszufiltern. Formulieren Sie gleich von Beginn an den Arbeitsauftrag möglichst präzise, knapp und „handlungsanleitend“, so dass klar ist, was genau zu tun ist.

- *Die Arbeitsfähigkeit abklären.* Für die Bearbeitung der Aufgabe ist es wichtig, dass die Teilnehmenden den Arbeitsauftrag auch wirklich verstanden haben. Sie sollten sich deshalb immer vergewissern, ob den Teilnehmenden die Aufgabe klar ist oder ob sie noch weitere Informationen brauchen.

- *Die Zeit vereinbaren und visualisieren.* Hier empfiehlt sich die Formulierung: „Wir machen um 10.30 Uhr weiter“ anstatt: „Sie haben noch 30 Minuten Zeit“, denn die

Gruppen vergessen aufgrund der Informationsflut zu Beginn einer Gruppenarbeit meist die Startzeit. Vielfach ist es sinnvoll, dass die Zeitvereinbarung den Teilnehmenden überlassen wird. Dies ist dann möglich, wenn die Teilnehmenden die Anforderungen der Aufgabe realistisch abschätzen können. Wenn das der Fall ist, kann man die einzelnen Gruppen fragen, wie viel Zeit sie für die Bearbeitung benötigen. Wie bei einer Versteigerung bekommt dann die höchste Zeitangabe den Zuschlag (so sie nicht völlig überzogen erscheint). Diese Regelung hat nicht nur den Vorteil, dass die Teilnehmenden in ihrer Rolle als „professionelle Lernende" ernst genommen werden, sondern erleichtert auch die Einhaltung dieser Zeitvereinbarung, da sie von den Teilnehmenden selbst festgelegt wurde. Auf Folie oder Plakat sollte die vereinbarte Zeit dann für alle sichtbar festgehalten werden.

6. WER MIT WEM?

Zusammenstellung der Gruppen

Bevor der Startschuss für die Gruppenarbeit fällt, muss zuerst geklärt werden, wer mit wem in welcher Gruppe zusammenarbeitet. Vermeiden Sie auf jeden Fall die „Feldwebelmethode“, bei der Sie als Seminarleiter die Zusammenstellung der Gruppen willkürlich und keinen Widerspruch duldend alleine vornehmen. Es gibt zahlreiche geeignetere Methoden, die Sie anwenden können, ohne gleich den Unmut der Teilnehmenden auf sich zu ziehen.

Bildung der Teilgruppen

Themenorientierte Gruppenbildung

Die Teilnehmenden wählen das Thema, an dem sie das stärkste Interesse haben. Interessieren sich zu viele Personen für dasselbe Thema, wird die Gruppe entweder geteilt (dann wird das Thema parallel in zwei Gruppen bearbeitet) oder einzelne Teilnehmende orientieren sich (freiwillig) um.

Zufallsprinzip

Je nach Zahl der gewünschten Gruppen lässt man die Teilnehmenden präparierte Streichhölzer, verschiedenfarbige Wollfäden oder Ähnliches ziehen. Die Zufallsmethode bietet sich an, wenn sich die Teilnehmenden noch nicht kennen.

Nachbarschaftsgruppen

Hier arbeiten die direkten Sitznachbarn zusammen. Dieses Vorgehen empfiehlt sich, wenn die Gruppenarbeit nur sehr kurz ist und eine aufwändige Gruppenaufteilung sich deshalb nicht lohnt.

Wie es euch gefällt

Bei dieser Methode teilt der Seminarleiter nur die Anzahl der Gruppen mit und überlässt es den Teilnehmenden, wie sie sich zusammenfinden (schnelle Verständigung z. B. durch Blicke oder Zurufe).

Kleingruppenbildung nach Teilnehmermerkmalen

Hier werden Teilnehmermerkmale (z. B. Beruf, Fachzugehörigkeit) berücksichtigt. Beispielsweise kann es bei der Gruppenbildung darum gehen, die Gruppen gemischt (z. B. Lehrende von Fremdsprachen und Geschichte in einer Kleingruppe) oder aber homogen (z. B. nur Fremdsprachenlehrer in einer Gruppe) zusammenzusetzen, je nachdem, ob unterschiedliche Ideen oder Erfahrungen diskutiert (spricht für heterogene Gruppen) oder gemeinsame Positionen erarbeitet werden sollen (spricht für homogene Gruppen). In vielen

Büchern und Handreichungen werden bestimmte Empfehlungen hinsichtlich der Homogenität bzw. Heterogenität der Gruppenzusammensetzung gegeben: Glauben Sie es nicht blindlings, überlegen Sie sich lieber, welche Zusammensetzung vor dem Hintergrund der Ziele der Gruppenarbeit sinnvoll ist.

Teilnehmerbeschränkung

Zu viele Köche verderben den Brei! Jede Gruppe sollte im Idealfall aus 2 bis 4 maximal aus 6 Teilnehmenden zusammengesetzt sein. Eine Kleingruppengröße von 5 bis 6 Teilnehmenden sollte aber nur eine Notfalllösung sein. Ist die Gruppe zu groß, kann die aktive Mitarbeit aller nur mehr schwer gewährleistet werden. Zudem können sich Einzelne von der Arbeit zurückziehen, ohne dass es auffällt.

Für den Fall, dass die Teilnehmenden noch wenig Erfahrung mit Gruppenarbeitsmethoden haben, sollte man sie dosiert damit vertraut machen. Es empfiehlt sich dann, mit einer Paarübung (z. B. Diskussion mit dem Sitznachbarn) zu beginnen und die Anzahl der Gruppenmitglieder langsam zu steigern.

7. IMMER DIESE DRÄNGELNDE ZEIT!

Gähnende Langeweile oder zermürbender Stress. Irgendwo dazwischen liegt der optimale zeitliche Rahmen für eine Gruppenarbeit. Ein paar Eckpfeiler können Ihnen bei der Zeitplanung helfen.

Gruppenbildung

Nachbarschaftsgruppen brauchen für ihre Bildung nur minimal Zeit. Zufallsgruppen, Gruppen nach Themen, Wahlgruppen und Gruppen nach Teilnehmermerkmalen dagegen mehr.

Arbeitsauftrag

Ein einfacher Arbeitsauftrag (z. B. „Was reizt Sie an diesem Seminar?“) braucht weniger Zeit als ein komplexer, mehrdimensionaler Auftrag (z. B. „Diskutieren Sie die Vor- und Nachteile einer Methode X“).

Ergebnispräsentation

Gut Ding will Weile haben! Der Zeitbedarf steigt, wenn Arbeitsergebnisse präsentiert werden sollen und zwar besonders dann, wenn die Ergebnisse nicht nur mündlich, sondern z. B. anhand einer Folie oder einem Plakat präsentiert werden. Die Gestaltung dieser Materialien kann aufwändig sein.

Faustregel

Der tatsächliche Zeitbedarf bei der Gruppenarbeit kann sich von dem, den sie in der Planung annehmen, stark unterscheiden. Es gilt die Faustregel, die Zeit eher knapp – aber ausreichend – anzusetzen und das Zeitlimit später in Übereinstimmungen mit den Bedürfnissen der einzelnen Gruppen zu korrigieren. Hände weg von strikten Zeitplänen, die nicht flexibel korrigiert werden können, denn irgendetwas kommt meist dazwischen! Deshalb immer an Zeitpuffer denken!

8. PLATZ BRAUCHEN WIR SCHON! DER RAUM ALS RAHMENBEDINGUNG

Stellen Sie sich vor, Sie haben einiges an Energie und Kreativität aufgewandt, um eine geeignete Gruppenaufgabe zu einer bestimmten Thematik zu entwickeln, eine Arbeitsanleitung zu formulieren und eine Methode für die Aufteilung der Gruppen festzulegen. Und dann stellen Sie plötzlich fest, dass Ihnen keine geeigneten Räumlichkeiten zur Verfügung stehen, um die Gruppenarbeit tatsächlich auch sinnvoll durchführen zu können. Das muss Ihnen nicht passieren! Bedenken Sie bei der Planung auch immer, welche Möglichkeiten die räumlichen Gegebenheiten Ihnen bieten und welche Grenzen sie setzen. Beachten Sie, dass die Räumlichkeiten eine bedeutsame Rahmenbedingung von Gruppenarbeit und ein wichtiger Aspekt ihrer Effektivität sind.

Checkliste für die Räumlichkeiten

Vor der Durchführung einer Gruppenarbeit sollten folgende Fragen bedacht werden:

- Eignet sich der Raum nach Größe und Ausstattung für die Durchführung der Gruppenarbeit?
- Können Kleingruppen z. B. ungestört in getrennten Räumen arbeiten oder gibt es nur einen Raum, in dem die Gruppen eng aufeinander sitzen?
- Können Plakate (z. B. mit Ergebnissen von Gruppenarbeiten) an den Wänden aufgehängt werden oder müssen Stellwände bereitgestellt werden?
- Was muss für das Seminar im Raum verändert oder zusätzlich mitgebracht werden (z. B. ein Overheadprojektor für eine Folienpräsentation)?

Um unerwünschte Überraschungen zu vermeiden, empfiehlt es sich, die Räumlichkeiten vor Beginn eines Seminars auf ihre Tauglichkeit hin zu überprüfen.

Faustregeln

- Je kleiner die Gruppen und je kürzer ihre Arbeitsdauer, desto eher sollten die Gruppen in einem gemeinsamen Raum bleiben.
- Je größer die Gruppe, je länger die Arbeitszeit und je komplexer der Arbeitsauftrag, desto eher sollten für die Gruppen getrennte Räume organisiert werden.
- Wenn nur *ein* Raum zur Verfügung steht, können so genannte Tischvierecke (wenn mit Materialien gearbeitet wird) oder auch mehrere Stuhlkreise (wenn es hauptsächlich um Diskussion geht) zur Abgrenzung der Gruppen gebildet werden. Die Gruppen sollten dann möglichst weit voneinander entfernt sitzen, um gegenseitige Störungen gering zu halten.

UND SO LÄUFT DIE SACHE MIT DER GRUPPENARBEIT: SKRIPTE

9. PARTNER-KURZAUSTAUSCH

Kurzbeschreibung

Bei der Methode des Partner-Kurzaustauschs bittet ein Referent das Plenum, sich kurz in Zweiergruppen über die dargebotenen Inhalte auszutauschen, um eine anschließende Diskussionsrunde zu erleichtern und „Berührungsängste“ in der Interaktion mit dem Partner abzubauen.

Hauptfunktion

Die Hauptfunktion der Methode des Partner-Kurzaustauschs liegt darin, die Teilnehmenden zu ermutigen, nach einem Vortrag oder Referat Fragen zu stellen und eine Diskussion zu beginnen. Die Teilnehmenden stellen im Austausch mit einem Partner oftmals fest, dass nicht nur sie alleine „diese eine, vermeintlich doofe“ Frage oder Meinung hatten, die sie sich nicht auszusprechen wagten. Nach dem Meinungsaustausch in sog. Nachbarschaftsdyaden fällt es den Teilnehmenden meist leichter, Fragen oder Meinungen ins Plenum einzubringen. Darüber hinaus kommen im Austausch mit dem Partner und der damit verbundenen tieferen Auseinandersetzung mit dem Thema oftmals erst Fragen auf, die dann im Plenum geklärt werden können.

Ablauf

a. Die Teilnehmenden hören einen Vortragsteil oder ein Kurzreferat.

b. Die Teilnehmenden werden gebeten, sich mit ihrem Nachbarn kurz über die dargebotenen Inhalte auszutauschen.

c. Die Teilnehmenden stellen die im Zweieraustausch aufgetretenen Fragen im Plenum vor und diskutieren sie gemeinsam mit den anderen Teilnehmenden und dem Referenten.

Beispiel

Während einer mehrtägigen Seminarreihe für Führungskräfte wird das Konzept „Kooperativer Führungsstil“ in einem Kurzvortrag präsentiert. Im Anschluss an den Vortrag bittet der Referent die Teilnehmenden, sich 5 Minuten über dieses Konzept und seine möglichen Folgen auszutauschen. Danach erfolgt eine Diskussion im Plenum.

Zeitaufwand

Für diese Methode ist ein minimaler Zeitaufwand von 10 Minuten erforderlich: 3-5 Minuten für den Partneraustausch und ca. 5-7 Minuten für das Plenum.

Variante

Statt dem unspezifischen Auftrag, sich über das Gehörte auszutauschen, kann der Referent/Vortragende auch eine inhaltsbezogene Frage formulieren, die erst in der Zweiergruppe und anschließend im Plenum als sog. „Kick-off-Frage“ diskutiert wird. Dies schließt nicht aus, dass im Anschluss an die Frage des Referenten auch Fragen der Teilnehmenden geklärt werden.

Typische Probleme und Lösungsmöglichkeiten

- Die Lernenden tauschen sich nicht ernsthaft aus oder besprechen Privates.

  ➔ Erklären Sie den Lernenden den Sinn dieser Aktivität.

- Wählen Sie eine interessante und anregende Frage mit hohem „Aufforderungscharakter“ aus.

  ➔ Gehen Sie ernsthaft auf die anschließenden Teilnehmerbeiträge im Plenum ein.

10. PRO UND KONTRA

Kurzbeschreibung

Bei der Methode „Pro und Kontra“ arbeiten die Gruppenmitglieder unterschiedliche Aspekte eines Themas/ einer Fragestellung heraus. In zwei verschiedenen Gruppen werden Argumente gesammelt und anschließend im Plenum diskutiert.

Hauptfunktion

Ziel dieser Methode ist es vor allem, die unterschiedlichen Aspekte eines Themas zu erschließen und damit zusammenhängend die Fähigkeit der Teilnehmenden zu fördern, sich in andere Argumente hinein zu versetzen. Die Methode bietet sich besonders für Inhalte an, die spannungs- oder konfliktgeladen sind.

Ablauf

a. Das Thema, über das diskutiert werden soll, wird genannt und visualisiert.

b. Die Gesamtgruppe wird in zwei Parteien eingeteilt: eine „Pro“- und eine „Kontra“-Gruppe.

c. Die Gruppen denken sich eine kurze Zeit in ihre „Pro-“ oder „Kontra-Sicht“ des Themas ein.

d. Anschließend nehmen die Mitglieder beider Gruppen abwechselnd Stellung zum Thema, d. h. erst eine Pro-Meinung, dann eine Kontra-Meinung usw.

e. Im Plenum werden dann gemeinsam die wichtigsten Punkte zusammengetragen.

Beispiel

In einem Workshop zum Thema Möglichkeiten und Grenzen der Gentechnologie wird zu Beginn die These aufgestellt: „Gentechnik heißt Gott ins Handwerk pfuschen!“ Die Teilnehmenden werden zufällig in Gruppen aufgeteilt und diskutieren abwechselnd die Pro- und Kontra-Argumente dieser These. Die wichtigsten Argumente werden im Plenum zusammengetragen und in den weiteren Verlauf des Seminars mit einbezogen.

Zeitaufwand

Für diese Methode sollten drei separate Zeitangaben festgelegt werden. Dabei sind insgesamt mindestens 50 Minuten einzuplanen.

a. Zeit, um sich in das Problem hineinzudenken (mind. 10 Min.)

b. Zeit für den Austausch der Argumente (mind. 20 Min.)

c. Zeit für die Auswertung der Ergebnisse (mind. 20 Min.)

Varianten

a) Gruppensprecher

Jede Gruppe benennt einen Sprecher, der für den Austausch der Pro- und Kontra-Argumente zuständig ist. Die einzelnen Gruppenmitglieder ergänzen die Diskussion nur mit kurzen Beiträgen.

b) Visualisierung

Im Plenum werden die wichtigsten Argumente nicht nur zusammengetragen, sondern auch schriftlich fixiert, damit im weiteren Verlauf des Seminars immer wieder auf die Ergebnisse der Diskussion zurückgegriffen werden kann.

Typische Probleme und Lösungsmöglichkeiten

- Das Thema bietet nicht genügend vernünftige Ansatzpunkte für beide Sichtweisen.
  - ➔ Wählen Sie ein konfliktreiches Thema, das sowohl sinnvolle Pro- als auch Kontra-Argumente ermöglicht.
- Den Teilnehmenden fällt es schwer, Argumente zu generieren, die nicht ihren Überzeugungen entsprechen.
  - ➔ Weisen Sie die Teilnehmenden zu Beginn der Gruppenarbeit explizit darauf hin, dass die Aufgabe auch darin besteht, sich in andere Positionen hinein zu versetzen.
- Die Teilnehmenden „kippen“ im Verlauf des Argumentationsaustausches und vertreten plötzlich die andere Position.
  - ➔ Machen Sie den Teilnehmenden vor Beginn der Gruppenarbeit klar, dass sie die eingenommene Position wie in einem Rollenspiel beibehalten sollen.

11. ONKEL-OTTO-ZETTEL

Kurzbeschreibung

Bei dieser Methode ergänzen die Teilnehmenden in Kleingruppen verschiedene, vom Seminarleiter vorbereitete Plakate mit Satzanfängen zu unterschiedlichen Themengebieten und entwickeln so gemeinsam neue Ideen oder Argumente. Die Plakate werden im Plenum besprochen und können als Grundlage für weitere Diskussionen oder Arbeitsgruppen dienen (vgl. Knoll, 1997).

Hauptfunktion

Die Methode des Onkel-Otto-Zettels dient der Produktion von Argumenten und Ideen oder dem Sammeln von Rückmeldungen. Die Teilnehmenden werden gebeten, gemeinsam zu den unterschiedlichsten Themengebieten produktive Einfälle zu entwickeln, mit denen im Verlauf eines Seminarprozesses weitergearbeitet werden kann. Dabei kann es sich um inhaltliche Ergänzungen handeln, die negative und positive Aspekte eines Themas deutlich machen („Welche Vorteile hat die Einführung einer ersten Fremdsprache in der Grundschule?"). Genauso können sich die angefangnen Sätze aber auch auf das Seminargeschehen an sich beziehen und der Evaluation des Seminars dienen („Uns hat bisher gestört, dass ..."). Wichtig ist es, bei den vorformulierten Stammfragen nicht nur negative und positive Satzergänzungen zu evozieren, sondern gleichfalls Sätze vorzugeben, die Ergänzungen produzieren, die Chancen und die Möglichkeiten der Überwindung eines problematischen Sachverhaltens beinhalten („Wir könnten bessere Ergebnisse erzielen, wenn ...").

Ablauf

a. Jede Kleingruppe erhält ein Plakat mit einem angefangenen Satz, den es durch die Gruppe zu ergänzen gilt. Dabei gibt es so viele Plakate, wie es Kleingruppen gibt. Nach einer vorgegebenen Zeit werden die Plakate weitergegeben. Die Gruppen generieren so lange Satzergänzungen, bis jede Kleingruppe alle Plakate bearbeitet hat.

b. Die Plakate werden im Plenum sichtbar aufgehängt und vorgelesen.

c. Es folgt eine Diskussion der Ergebnisse im Plenum.

Beispiel

Zur Zwischenevaluation eines Seminars hat ein Seminarleiter mehrere Plakate vorbereitet, die die Teilnehmenden in Kleingruppenarbeit ergänzen sollen.

- Uns hat bisher gestört, dass ...
- Uns hat bisher gefallen, dass ...
- Für die folgenden Seminareinheiten erhoffen wir uns ...
- Wir können ab jetzt zur Gestaltung des Seminars etwas beitragen, indem wir ...

Nach dem Ende der Beschriftungsphase durch die einzelnen Kleingruppen werden die Plakate im Plenum besprochen und aufgehängt. Sie dienen dem Seminarleiter als Richtschnur dafür, wie er den weiteren Verlauf des Seminars planen kann. Für die Teilnehmenden ist besonders das letzte Plakat eine Erinnerung daran, wie sie selbst das Seminargeschehen positiv beeinflussen können.

Zeitaufwand

Der Zeitaufwand für diese Methode ist abhängig von der Anzahl der Plakate, die von den Kleingruppen ergänzt werden sollen. Für jedes Plakat sollte der Gruppe ca. 5 Minuten Zeit zur Verfügung stehen. Für die Diskussion im Plenum sind mindestens 20 Minuten anzusetzen, aber auch hier spielt die Anzahl der Plakate für die Zeitplanung eine große Rolle und muss gegebenenfalls nach oben korrigiert werden.

Varianten

a. Es kann sinnvoll sein, dass die Kleingruppen die Satzergänzungen ihrer Vorgängergruppen nicht sehen. Zu diesem Zweck werden die Teilnehmenden gebeten, ihre Satzergänzungen an den unteren Rand des Plakates zu schreiben und ihre Zeilen vor der Weitergabe nach hinten zu klappen. So bleibt der angefangene Satz am oberen Ende des Plakates für alle Gruppen immer sichtbar.

b. Anstatt einer Diskussion der Ergebnisse im Plenum können zu den einzelnen Plakaten auch Arbeitsgruppen gebildet werden. Allerdings sollte sich der Arbeitsauftrag der Gruppen dann nicht nur darin erschöpfen, die gesammelten Einfälle zu systematisieren, sondern er sollte über diese Ideen hinaus zu konkreten Handlungsanweisungen führen.

Typische Probleme und Lösungsmöglichkeiten

- Für die letzten Gruppen, die ein Plakat bearbeiten, ist nicht mehr genügend Platz zum Schreiben vorhanden.

  ➔ Halten sie ein weiteres Plakat mit demselben Satzanfang bereit, auf dem die Kleingruppen weiterschreiben können.

12. SANDWICH-SKRIPT

Kurzbeschreibung

Eine Kleingruppenmethode, mit der Vorwissen und Voreinstellungen aktiviert und reflektiert werden, ist das Sandwich-Skript. Das Sandwich-Skript dient der Gestaltung des Einstieges und kann zugleich auch den Abschluss einer Seminareinheit strukturieren. Bei dieser Methode beantworten die Teilnehmenden zu Beginn der Seminareinheit Fragen zu einem Themengebiet, über das sie anschließend näher informiert werden. Nach dem inhaltlichen Input reflektieren die Teilnehmenden ihre in der Vorphase gegebenen Antworten.

Hauptfunktion

Die Methode des Sandwich-Skripts erfüllt mehrere Funktionen. Zum einen ermöglicht sie die Einstimmung der Teilnehmenden auf ein neues Themengebiet. Zum anderen aktiviert sie Wissen, das durch inhaltliche Informationen in einer späteren Phase der Gruppenarbeit ergänzt, verändert oder ganz aufgegeben werden kann. Die Teilnehmenden werden bei dieser Methode sowohl dazu aufgefordert, ihre Einstellungen oder ihr Wissen zu einem bestimmten Thema zu artikulieren als auch dazu, diese Einstellungen oder dieses Wissen nach einem inhaltlichen Vortrag zu reflektieren. Beide Teilschritte sind mit einer tieferen Verarbeitung der Inhalte verbunden, da einerseits Wissen aktiviert wird und andererseits neue Wissenselemente mit vorhandenem Wissen verknüpft werden.

Ablauf

1. Zu Beginn der Stunde beantworten Kleingruppen eine (oder mehrere) auf das Stoffgebiet bezogene Frage(n).
2. Die Ergebnisse der Kleingruppendiskussion werden im Plenum vorgetragen.
3. Im Plenum wird Stoff dargeboten (z. B. durch ein Referat).
4. Die Kleingruppen reflektieren nun über ihre zu Beginn gegebenen Antworten (Fallen die Antworten nach Darbietung des Stoffes anders aus? Warum ja oder warum nein? Falls ja, inwiefern?).
5. Die Ergebnisse werden im Plenum vorgestellt.

Beispiel

In einem Seminar zum Thema „Lernmethodik und Prüfungsvorbereitung" werden die Teilnehmenden gebeten, sich in Kleingruppen zu überlegen, welche sinnvollen Strategien der Prüfungsvorbereitung sie kennen. Jede Kleingruppe diskutiert nun verschiedene Strategien und stellt diese (bzw. eine Auswahl davon) in einem anschließenden Plenum vor.

Danach folgt ein Vortrag, in dem unter anderem unterschiedliche Strategien der Prüfungsvorbereitung und deren Vor- und Nachteile erläutert werden. In den anschließenden Kleingruppen reflektieren die Seminarteilnehmenden über ihre ursprünglichen Antworten und deren Vor- und Nachteile. Wichtige Ergebnisse und Veränderungen werden von den Kleingruppen im anschließenden Plenum kurz vorgestellt.

Zeitaufwand

Für diese Methode ist ein Zeitaufwand von mindestens 60 Minuten zu veranschlagen, der in drei 20-minütige Blocks aufgeteilt ist.

1. Zeit für die Beantwortung der Fragen (ca. 20 Min.)
2. Zeit für den Vortrag (ca. 20 Min.)
3. Zeit für die Reflexion in den Kleingruppen und die Vorstellung wichtiger Ergebnisse im Plenum (ca. 20 Min.).

Varianten

a) Ohne Reflektionsphase am Ende der Stunde

Die zweite Kleingruppenphase kann auch weggelassen werden. Dann dient diese Methode nur der Einstimmung, spezifischer der Aktivierung von Vorwissen und Voreinstellungen. In diesem Falle sollte man die Gruppenteilnehmenden auffordern, sich während der Stoffpräsentation Gedanken darüber zu machen, ob das Präsentierte mit ihren Antworten vereinbar ist.

b) Eine oder verschiedene Fragen

Sie können jeder Kleingruppe dieselbe Frage stellen oder verschiedene Fragen austeilen. Verschiedene Fragen können die Vorstellung der Antworten im Plenum interessanter machen.

Typische Probleme und Lösungsmöglichkeiten

- Die Lernenden halten ihre Antworten in unkritischer Weise für vereinbar mit den neuen Erkenntnissen.

  ➔ Der Seminarleiter konfrontiert die Teilnehmenden mit den Widersprüchen.

- Das Vorwissen der Teilnehmenden ist unterschiedlich, nicht jeder Teilnehmende hat schon Vorwissen.

  ➔ Die Auswahl der Fragen erfolgt teilnehmerorientiert, d. h. die Ausgangsfrage sollte so gewählt sein, dass sie bei den Teilnehmenden Vorwissen aktiviert.

13. SKRIPTKOOPERATION

Kurzbeschreibung

Bei dieser Methode der Gruppenarbeit geht es um das Textverständnis. Dabei lesen zwei Seminarteilnehmende abwechselnd einen Text und erklären sich dann gegenseitig die wichtigsten Inhalte.

Hauptfunktion

Die Methode der Skriptkooperation dient der Vertiefung des Textverständnisses. Dies wird in doppelter Hinsicht erreicht. Zum einen lesen beide Partner einen vorliegenden Text vor dem Hintergrund, ihn danach zu erklären und die wichtigsten Inhalte wiederzugeben, und zum anderen wird der jeweils Zuhörende dazu aufgefordert, Fragen zu stellen und auf Fehler und Auslassungen in den Äußerungen des Partners hinzuweisen. Beide Techniken dienen einer tieferen Verarbeitung des vorliegenden Stoffes. Darüber hinaus lernen die Teilnehmenden, einen Text zu strukturieren und wesentliche Aspekte herauszuarbeiten.

Ablauf

1. Beide Partner lesen einen ersten Textabschnitt.
2. Partner A erklärt Partner B die wichtigsten Inhalte; Partner B hört zu, stellt Rückfragen und macht gegebenenfalls auf Fehler oder Auslassungen aufmerksam.
3. Beide Partner lesen den nächsten Textabschnitt.
4. Jetzt werden die Rollen getauscht. Partner B ist jetzt der Erklärende und Partner A der Zuhörer/Rückfrager.
5. Beide Partner lesen den nächsten Textabschnitt.
6. Dieses Verfahren wird solange fortgesetzt, bis der Text zu Ende ist.

Beispiel

In einem Sprachkurs wird den Teilnehmenden ein nicht leicht zu verstehender französischer Text ausgeteilt, den sie lesen und sich gegenseitig erläutern sollen.

Zeitaufwand

Je nach Textlänge und Schwierigkeitsgrad sollten für diese Methode mindestens 40 Minuten eingeplant werden. So ist jeder der Teilnehmenden sowohl zweimal in der Rolle des Erklärenden als auch zweimal in der des Fragenstellers.

1. Zeit zum Lesen des Textteils (mind. 5 Min.)
2. Zeit für Partner A, die wichtigsten Textstellen wiederzugeben und für Partner B Fragen zu stellen (mind. 5 Min.)
3. Zeit zum Lesen des Textes (mind. 5 Min.) usw.

Varianten

Statt eines schriftlichen Textes kann auch ein gesprochener Text (z. B. im Fremdsprachenunterricht) verwendet werden.

Typische Probleme und Lösungsmöglichkeiten

- Die Partner brauchen zum Lesen der Textabschnitte unterschiedlich lang Zeit.

  ➔ Geben Sie keine zu langen Textabschnitte vor, so dass die Unterschiede zwischen den Partnern nicht allzu groß werden können.

- Der Zuhörer stellt keine Fragen.

  ➔ Bereiten Sie einige Beispiele vor, die zeigen, was mögliche Rückfragen sein könnten.

- Es erklärt immer nur einer und der andere hört zu.

  ➔ Das ist nicht tragisch. Beide Partner profitieren trotzdem von dieser Methode.

- Im Fremdsprachenunterricht beteuern die Teilnehmenden, dass sie „nichts“ verstanden hätten.

  ➔ Fordern Sie auf, die „paar Sachen“ (z. B. um was es überhaupt ging) mitzuteilen, die verstanden wurden. Meist stellt sich heraus, dass die Lernenden deutlich mehr als Nichts verstanden haben.

14. GEGENSEITIGES AUFGABENSTELLEN: PUZZLE

Kurzbeschreibung

Bei dieser Methode entwickeln Kleingruppen themenspezifische Puzzles zu einem Stoffgebiet und tauschen sie untereinander aus. Offene Fragen und Unklarheiten werden in einem sich an die Gruppenarbeit anschließenden Plenum besprochen.

Hauptfunktion

Die Methode des gegenseitigen Aufgabenstellens (hier: Puzzle) dient der Vertiefung von behandeltem Stoff. Dies wird in doppelter Hinsicht erreicht, erstens durch die Generierung von passenden Puzzleteilen für eine andere Gruppe und zweitens durch die Lösung eines Puzzles einer anderen Gruppe. Beide Teilelemente dieser Methode führen zu einer tieferen Auseinandersetzung mit den behandelten Inhalten, die auf diese Weise wiederholt werden. Im anschließenden Plenum ergibt sich für den Seminarleiter die Möglichkeit, Fragen und Unklarheiten zu klären und die Korrektheit der Paare zu überprüfen.

Abbildung 1: Beispiel eines Puzzles

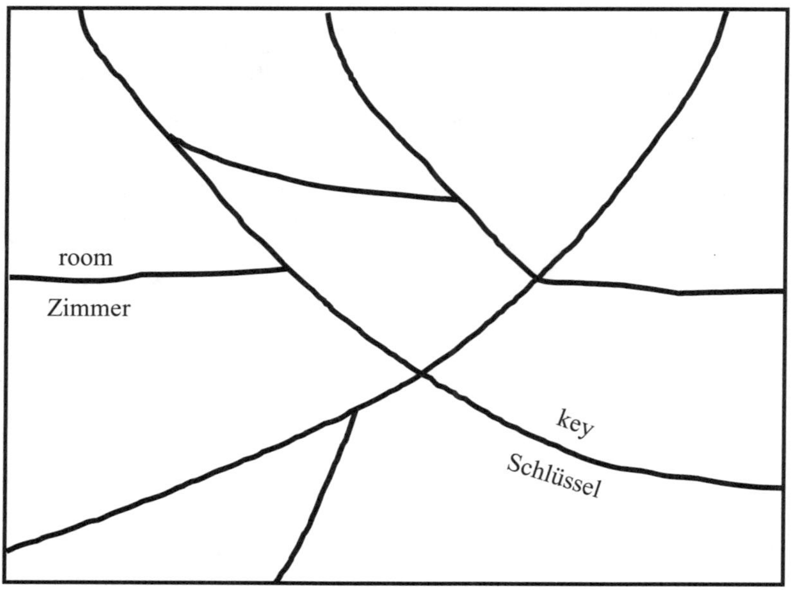

Ablauf

1. Die Kleingruppen fertigen ein Puzzle an. Sie ziehen auf einem Karton Linien, an denen entlang die Vorlage später zerschnitten wird. Begriffe oder Satzteile, die paarweise zusammengehören (z. B. „room“ und „Zimmer“), werden oben und unten an die Linienabschnitte geschrieben. Abbildung 1 zeigt ein angefangenes Puzzle, bei dem noch etliche „Paare“ zu ergänzen sind. Wenn alle Paare eingetragen sind, wird das Puzzle zerschnitten und kann an eine andere Gruppe weitergegeben werden.
2. Die Kleingruppen setzen das Puzzle einer anderen Gruppe zusammen. Dabei sollen die Kleingruppen nicht (nur) das Puzzle (nach Passung der Teile) zusammensetzen, sondern auch die Paare auf Korrektheit überprüfen.
3. Im Plenum können die Paare vorgelesen, eventuelle Fehler korrigiert und mögliche Fragen beantwortet werden.

Beispiel

In einem Fremdsprachkurs Französisch wurde das Thema „Hotel“ bearbeitet. In einer letzten Seminareinheit zu diesem Thema werden die Teilnehmenden dazu aufgefordert, sich in Kleingruppen aufzuteilen, innerhalb der Gruppen Puzzles mit hotelbezogenen Deutsch-Französisch-Paaren zu bilden und diese dann an eine andere Gruppe weiterzugeben. Im Plenum werden die gelösten Rätsel vorgelesen und offene Fragen beantwortet.

Zeitaufwand

Für diese Methode benötigt man mindestens 40 Minuten Zeit, je nachdem wie viele Puzzlepaare gebildet werden sollen. Die Zeitangaben sollten dabei für den Gruppenarbeitsprozess zweiteilig gegeben werden, um sicher zu stellen, dass die einzelnen Gruppen zeitgleich arbeiten und keine unnötigen Wartezeiten für einzelne Gruppen entstehen.

1. Zeit, um das Puzzle zu erstellen und auszuschneiden (mind.15 Min.)
2. Zeit, um das Puzzle einer anderen Gruppe zu lösen (mind. 10 Min.)
3. Zeit für das Vorlesen der Paare und für Fragen im Plenum (mind.15 Min.)

Varianten

a) Sprachunterricht

Die „Paare“ müssen nicht aus Wörtern und ihren Übersetzungen bestehen. Weitere Möglichkeiten sind auch zusammenpassende Satzteile, Verben mit bestimmten Präpositionen (z. B. Italienisch: comminciare – a mangeare) oder zusammenpassende Begriffe (z. B. Französisch: bouquet – fleurist).

b) Seminar zur Vermittlung von Fertigkeiten

In Seminaren zur Vermittlung von Fertigkeiten (z. B. Präsentationstechniken; Telefontraining) können die Paare z. B. aus Ereignissen und zu beachtenden Gesichtspunkten bestehen (z. B. Telefontraining: „Indirekter Angriff“ eines Kunden – Ignorieren).

c) Zuschnitt des Puzzles

Der Zuschnitt des Puzzles kann auch vorgeben werden und zwar in Form von Quadraten. Damit kann das Puzzle nicht mehr nach der Form zusammengesetzt werden, es muss mehr auf die Zusammengehörigkeit der Paare geachtet werden

d) Kontrolle

Für den Seminarleiter besteht die Möglichkeit, die gelösten Puzzles einzusammeln und auf ihre Richtigkeit hin zu überprüfen. In der nächsten Seminareinheit können die eventuell verbesserten Puzzles dann zurückgegeben werden.

Typische Probleme und Lösungsmöglichkeiten

- Um die Nachbargruppe etwas „zu triezen“, werden Puzzles mit sehr vielen Teilen gebildet.

  ➔ Geben sie die Anzahl der Puzzleteile vor.

- Die Puzzleteile werden nicht nach ihren inhaltlichen Übereinstimmungen zusammengesetzt, sondern nach der Form.

  ➔ Geben sie die Zuschnittsart in Form von Quadraten vor (siehe Varianten).

15. GEGENSEITIGES AUFGABENSTELLEN: VERSTÄNDNISFRAGEN

Kurzbeschreibung

Bei dieser Methode entwickeln die Kleingruppen Aufgabenstellungen zu einem behandelten Themengebiet und tauschen sie untereinander aus. Die Antworten werden im Plenum vorgestellt.

Hauptfunktion

Die Methode des gegenseitigen Aufgabenstellens (hier: Verständnisfragen) dient der Vertiefung von behandeltem Stoff. Dies wird in zweifacher Hinsicht erreicht. Erstens durch die Generierung von Aufgaben für eine andere Gruppe und zweitens durch die Beantwortung von weitergegebenen Aufgaben in den Kleingruppen.

Die Gruppen überlegen sich, welche Fragestellungen im Hinblick auf einen behandelten Stoff sinnvoll sind und bearbeiten die Aufgaben einer anderen Gruppe. Beide Teilelemente dieser Methode führen zu einer tieferen Auseinandersetzung mit dem behandelten Stoff, da die wichtigen Elemente auf diese Weise herausgearbeitet und nochmals wiederholt werden. Für den Seminarleiter ergibt sich im anschließenden Plenum außerdem die Möglichkeit, die Antworten – wenn nötig – zu verbessern oder zu ergänzen. Die Methode dient auch dazu, den Lernfortschritt der Teilnehmenden zu beurteilen. Im Plenum wird deutlich, was sie verstanden haben und wo es noch Schwierigkeiten gibt.

Ablauf

1. Alle Kleingruppen formulieren Fragen (eine oder mehrere) zu einem behandelten Thema und geben Sie an eine andere Kleingruppe weiter. Besonders wichtig ist es, dass es sich bei den Fragen nicht um reine Faktenfragen handelt, sondern um Verständnisfragen, die in der Gruppe diskutiert werden können.
2. Die Kleingruppen erarbeiten Antworten auf die Fragen einer anderen Kleingruppe.
3. Die einzelnen Gruppen stellen ihre Antworten im Plenum kurz vor. Offene Punkte können diskutiert und beantwortet werden. Die für die jeweilige Frage verantwortliche Gruppe gibt eine Erklärung ab, ob sie mit der Antwort zufrieden ist und nimmt gegebenenfalls Ergänzungen vor. Der Seminarleiter steht für Fragen zur Verfügung und ergänzt ebenfalls, wenn nötig.

Beispiel

In einer Seminareinheit geht es um das Thema „Multimediale Lernumwelten". Dabei werden mehrere Standpunkte erläutert. Außerdem wird ein Text gelesen, der die wichtigsten Inhalte zusammenfasst.

Der erläuterte Stoff soll mit Hilfe einer Gruppenarbeitsmethode vertieft werden. Dazu bilden sich Kleingruppen, die Verständnisfragen zu diesem Thema entwickeln. Faktenfragen werden nicht gestellt. D. h. es wird nicht danach gefragt, wie der Autor Multimedia definiert, sondern z. B. welche Vorteile diese technische Möglichkeit mit sich bringt. Dann werden die Fragen zwischen den Kleingruppen ausgetauscht.

Jede Gruppe hat nun die Fragen einer anderen Kleingruppe vor sich liegen und beantwortet diese. Die Ergebnisse werden anschließend im Plenum vorgestellt. Unklarheiten werden mit dem Seminarleiter diskutiert.

Zeitaufwand

Für diese Methode braucht man mindestens 30 Minuten Zeit, je nachdem wie viele Fragen die Kleingruppen entwickeln sollen. Die Zeitangaben sollten für diese Gruppenarbeit dreiteilig gegeben werden, um sicherzustellen, dass die einzelnen Gruppen zeitgleich arbeiten und keine unnötigen Wartezeiten für einzelne Gruppen entstehen.

1. Zeit, um Fragen zu entwickeln (mind. 10 Min.)
2. Zeit, um die Fragen einer anderen Gruppe zu beantworten (mind.10 Min.)
3. Zeit für die Vorstellung der Lösungen im Plenum (mind. 10 Min.)

Varianten

a. Um die Entwicklung von Verständnisfragen in der Phase der Fragenformulierung zu erleichtern, können auf einer Folie oder einem Plakat sog. Fragestämme vorgegeben werden, z. B. „Welche Vorteile bzw. Nachteile hat ...?“, „Warum ist es nicht sinnvoll, dass ...?“.

b. Die Kleingruppen erarbeiten eine Präsentation für das Plenum. D. h. die wichtigsten Ergebnisse werden auf Folie, Flipchart oder Plakat festgehalten und dem Plenum präsentiert. Für diesen zusätzlichen Arbeitsauftrag bekommt die Gruppe mind. 10 Minuten mehr Zeit.

Typische Probleme und Lösungsmöglichkeiten

- Es wurde eine (fast) identische Frage zweimal formuliert.

  ➔ Auslassen der Frage im Plenum. Fragen nicht zweimal behandeln!

- Es werden trotz anderweitiger Aufforderung Faktenfragen gestellt.

  ➔ Vorgabe von Fragestämmen (siehe Varianten).

- Es werden Fragen gestellt, die zu „weitreichend“ sind, also auf der Grundlage des behandelten Stoffes nicht beantwortet werden können.

  ➔ Betonen Sie, dass Gruppen ihre formulierten Fragen auch selbst, zumindest in Ansätzen, beantworten können müssen.

- Die Zeit ist um, bevor alle Fragen im Plenum beantwortet sind.

  ➔ Den Teilnehmenden mitteilen, dass es nicht tragisch ist, wenn nicht alle Fragen im Plenum beantwortet werden. Allein durch die Arbeit in der Kleingruppe wird der Stoff schon vertieft.

16. KOLLEGIALE BERATUNG

Kurzbeschreibung

Bei der Methode der Kollegialen Beratung wird nach einer klar vorgegebenen Struktur zuerst in Einzelarbeit und anschließend gemeinsam mit einem „Kollegen" eine relevante Fragestellung aus der Praxis bearbeitet. Die „Kollegen" geben sich dabei gegenseitig Feedback über die in Einzelarbeit entwickelten Lösungsmöglichkeiten und machen Anmerkungen zur Weiterentwicklung oder Verbesserung der praxisrelevanten Konzepte (vgl. Arbeitsgruppe Hochschuldidaktische Weiterbildung, 1998).

Hauptfunktion

Die Methode der Kollegialen Beratung dient dem Transfer von gelernten Inhalten in den Alltag. Durch die Entwicklung erster Ideen zu einem individuellen Problem werden die Teilnehmenden dazu motiviert, die Inhalte eines Seminars direkt auf ihre Praxis zu übertragen und Lösungsmöglichkeiten für eine reale Situation zu erarbeiten. Das neu erworbene Wissen wird somit gezielt in die Erfahrungswelt der Teilnehmenden integriert. Auch die gegenseitige Beratung dient der vertieften Auseinandersetzung sowohl mit den thematischen Inhalten als auch mit deren Übertragbarkeit in die Praxis. Die Teilnehmenden werden zur kritischen und konstruktiven Auseinandersetzung sowohl mit ihrer eigenen Situation als auch mit der Situation eines anderen Teilnehmenden herausgefordert. Durch die Beratung erhalten sie Feedback über ihre Herangehensweise und neue Ideen für den Umgang mit individuellen Problemen in der Praxis.

Ablauf

1. Die Teilnehmenden bearbeiten in Einzelarbeit eine relevante Fragestellung aus ihrer Praxis, die im Bezug zur vorangegangenen Seminareinheit steht. Jeder Teilnehmende notiert sich dazu ein paar Stichwörter und entwickelt erste Ideen.
2. Es finden sich je zwei Teilnehmende zusammen, die sich nach einer vorgegebenen Struktur gegenseitig beraten.
   a. Der Teilnehmende A berichtet kurz von seinem Praxisproblem und den Ideen, die er in der Einzelarbeit dazu entwickelt hat.
   b. Der Teilnehmende B hört aufmerksam zu und stellt Fragen, um die Situation von A besser zu verstehen.
   c. Der Teilnehmende B entwickelt gemeinsam mit A neue Ideen zum Problem von A und macht Verbesserungsvorschläge zum vorliegenden Konzept.
3. Nach ca. 15 Minuten soll das Gespräch beendet werden, egal wie weit die Teilnehmenden auf der Suche nach einer praxisadäquaten Lösung gekommen sind; die Rollen werden getauscht. Nun berichtet B von seiner Situation und A hört zu, stellt Fragen, gibt Feedback und versucht, das Konzept von B durch eigene Ideen zu bereichern.

4. Im Plenum können auftauchende Fragen und Probleme besprochen werden.

Beispiel

Die Seminarteilnehmenden einer Weiterbildungsveranstaltung zum Thema „Erfolgreich Seminare leiten" werden am Ende der Veranstaltung gebeten, sich in Einzelarbeit folgendes zu überlegen: „Denken Sie an die nächste Veranstaltung, die Sie leiten werden. Entwickeln Sie erste Ideen für einen motivierenden Einstieg und notieren Sie sich dazu einige Stichwörter." Nach Ablauf der Einzelarbeit finden sich jeweils zwei Teilnehmende zusammen. Nun berichtet zuerst der Teilnehmende A, was er sich für das nächste Seminar vorgenommen hat. Sein Partner B hört zu, stellt Verständnisfragen, z. B. „Wie hast du dir den zeitlichen Rahmen vorgestellt?", gibt Feedback und entwickelt gemeinsam mit seinem Partner neue Ideen, z. B. „Die Vorstellungsrunde könntest du auch folgendermaßen gestalten ...!". Nach einer festgelegten Zeitspanne werden die Rollen getauscht, und nun stellt Partner B seine Ideen vor.

Zeitaufwand

Für diese Methode braucht man mindestens 50 Minuten Zeit. Genaue Zeitangaben für die einzelnen Arbeitsschritte sind dabei besonders wichtig, damit beide Partner die Möglichkeit haben, ihr Konzept vorzustellen. Deshalb die Zeit unbedingt einhalten!

1. Einzelarbeit (mind. 20 Min.)
2. Partner A berichtet Partner B (mind.10 Min.)
3. Partner B berichtet Partner A (mind. 10 Min.)
4. Plenum: Fragen und Probleme (mind. 10 Min.)

Varianten

a. Die Methode der Kollegialen Beratung kann um einen weiteren Teilnehmenden, auf drei, erweitert werden. In diesem Fall stellt erst einer der drei Teilnehmenden seine Ideen vor, während die beiden anderen Partner zuhören, Rückfragen stellen und eigene Ideen entwickeln. Dann werden die Rollen getauscht. Das Vorgehen entspricht ansonsten der Kollegialen Beratung mit zwei Partnern. Die Zeitangabe muss bei dieser Variante um mindestens 10 Minuten nach oben korrigiert werden.

b. Eine Plenumsrunde mit Leitfragen nach der Phase der gegenseitigen Beratung bietet eine gute Möglichkeit zum Erfahrungsaustausch sowohl über die gemeinsam entwickelten Konzepte als auch über die Art der Gruppenarbeit. Leitfragen könnten z. B. sein: „Ist es Ihnen gelungen, gemeinsam ein schlüssiges Konzept zu entwickeln?" oder „Wie haben Sie diese Form der gegenseitigen Beratung erlebt?". Wählt man diese Variante wird der Zeitaufwand für die gesamte Gruppenarbeit um mindestens 10 Minuten erhöht.

Typische Probleme und Lösungsmöglichkeiten

- Die Zeit wird nicht eingehalten.

  ➔ Weisen Sie vor Beginn der Gruppenarbeit explizit darauf hin, dass die Gesprächspartner auf ein vereinbartes Signal die Rollen tauschen sollen, egal wie weit das Gespräch gekommen ist.

- Die Teilnehmenden können sich nicht beraten, weil sie unterschiedliche Erfahrungshintergründe haben oder sich einfach nicht leiden können.

  ➔ Überlassen sie die Gruppenbildung den Teilnehmenden und weisen Sie vor der Gruppenarbeit darauf hin, dass es sinnvoll ist, mit einem Teilnehmenden zusammenzuarbeiten, den man aufgrund eines ähnlichen Erfahrungshintergrunds auch kompetent beraten kann.

17. GRUPPENPUZZLE

Kurzbeschreibung

Bei der Kooperationsmethode Gruppenpuzzle wird nach einer klar vorgegebenen Struktur in unterschiedlichen Kleingruppen Wissen erarbeitet und präsentiert. Ausgehend von Stammgruppen erhält jeder Teilnehmende die Verantwortung für ein bestimmtes Unterthema, das in Expertengruppen erarbeitet und anschließend den Teilnehmenden aus den Stammgruppen – die ihrerseits „Experten" eines Unterthemas sind – präsentiert wird. Im Plenum werden noch offene Fragen geklärt (siehe Abbildung 2).

Abbildung 2: Prinzip des Gruppenpuzzle (die Buchstaben entsprechen Personen, die sich jeweils eines bestimmen Unterthemas annehmen)

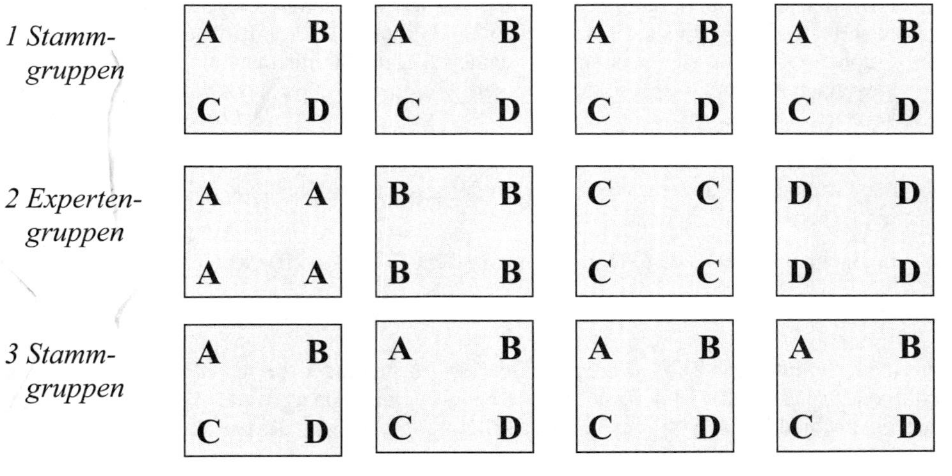

Hauptfunktion

Die Methode des Gruppenpuzzles ist für Gruppenarbeiten geeignet, in denen es um den Erwerb von Wissen durch gegenseitiges Lehren geht. Jeder Teilnehmende wird zum „Experten" für ein bestimmtes Unterthema, mit dem er sich in einer Kleingruppe „Gleichgesinnter" auseinandersetzt. Innerhalb dieser Expertengruppen wird Wissen erarbeitet, werden Erfahrungen ausgetauscht und Vorbereitungen getroffen, die erworbenen Kenntnisse so aufzubereiten, dass sie anschließend von jedem Experten in einer anderen Kleingruppe für Nichtexperten verständlich präsentiert werden können. Die Teilnehmenden werden bei dieser Methode also nicht nur dazu aufgefordert, sich neues Wissen anzueignen, sondern es auch verständlich vor einer kleinen Gruppe zu präsentieren. So eignen sich die Teilnehmenden Expertenwissen an und schulen gleichzeitig ihre Präsentationsfähigkeiten. Das neu erworbene Wissen erfährt dabei in zweierlei Hinsicht eine tiefe Verarbeitung. Einmal durch die Aneignung von Wissen vor dem Hintergrund, die Inhalte so zu bearbeiten, dass man in der Lage ist, sie an die anderen Teilnehmenden weiterzugeben. Und zweitens durch die Präsentation vor Nichtexperten, bei der die Inhalte noch einmal wiederholt und Fragen der Teilnehmenden beantwortet werden.

Durch die thematisch unterschiedlichen Expertengruppen können mit dieser Methode zahlreiche neue Inhalte eingeführt werden. Jeder Teilnehmende profitiert dabei von dem „Expertenwissen" der Gruppenmitglieder.

Ablauf

1. Zuerst werden Stammgruppen gebildet. Innerhalb dieser Stammgruppen entscheiden sich die einzelnen Gruppenmitglieder für ein bestimmtes Unterthema, über das sie sich Wissen aneignen möchten. Die Stammgruppen haben dabei (mindestens) so viele Teilnehmende wie es Unterthemen gibt, damit alle Unterthemen bearbeitet werden.
2. Es bilden sich Expertengruppen, die sich aus den Teilnehmenden zusammensetzen, die in ihrer Stammgruppe jeweils das gleiche Unterthema gewählt haben. Die Expertengruppen erarbeiten sich Wissen zu ihrem jeweiligen Unterthema und planen, wie sie ihr gewonnenes Wissen später den anderen Mitgliedern ihrer Stammgruppe vermitteln können.
3. Die Experten kehren in ihre Stammgruppen zurück. Jeder Teilnehmende lehrt nun seinen Gruppenmitgliedern, was er sich in der Expertengruppe gemeinsam mit den anderen Experten erarbeitet hat.
4. In einem anschließenden Plenum können offene Fragen geklärt werden.

Beispiel

In einem Seminar zur Zeitgeschichte sollen die Einstellungen verschiedener Parteien und Politiker zu Bismarcks Bündnispolitik erarbeitet werden. Dazu werden 4 Unterthemen zu den unterschiedlichen Auffassungen schriftlich dargeboten (z. B. die Zentrumspartei, die Fortschrittspartei, Graf Moltke und Friedrich II).

Die 12 Teilnehmenden bilden zuerst drei 4er Stammgruppen (vier Themen bedeutet, dass sich jede Gruppe mindestens aus 4 Teilnehmenden zusammensetzen muss: 12:4 = 3 Stammgruppen; bei 6 Unterthemen würden sich dagegen 12:6 = 2 Stammgruppen ergeben). Anschließend werden die 4 Auffassungen so auf die Stammgruppenmitglieder verteilt, dass jedes Thema bearbeitet wird, d. h. jeder der 4 Mitglieder einer Stammgruppe erarbeitet ein unterschiedliches Thema. Wenn die Themen verteilt sind, lösen sich die Stammgruppen auf, und es bilden sich Expertengruppen, in denen sich all jene Teilnehmenden wieder finden, die innerhalb ihrer Strammgruppe dasselbe Thema gewählt haben, z. B. Einschätzungen der Zentrumspartei. Es gibt nun also 4 Expertengruppen mit jeweils drei „Experten" für ein Thema. Innerhalb dieser Gruppen werden die Themen bearbeitet, diskutiert und so aufbereitet, dass jeder der Experten später in der Lage ist, seiner Stammgruppe die wichtigsten Argumente „seines" Politikers bzw. „seiner" Partei vorzutragen.

Nach Abschluss der Expertenrunde kehren die Experten in ihre ursprünglichen drei Stammgruppen zurück, in denen sie ihren Mitgliedern ihren thematischen Schwerpunkt präsentieren (z. B. Zentrumspartei) und von den anderen Mitgliedern über deren Spezialgebiet informiert werden. Im anschließenden Plenum werden offene Fragen geklärt.

Zeitaufwand

Diese Form der Gruppenarbeit verlangt ein strukturiertes Vorgehen, bei dem die Zeitangaben für jede einzelne Phase des Gruppenarbeitsprozesses angegeben werden sollten, um ein erfolgreiches Vorgehen zu gewährleisten. Es sollten mindestens 90 Minuten für diese Gruppenarbeit eingeplant werden.

1. Bildung der Stammgruppen (mind. 5Min.)
2. Arbeit in den Expertengruppen (mind. 30 Min.)
3. Präsentationen in den Stammgruppen (mind. 40 Min.)
4. Fragerunde im Plenum (mind. 15 Min.)

Varianten

Es gibt keine Stammgruppen mehr, sondern nur noch Expertengruppen, die eine Präsentation für das Plenum vorbereiten und durchführen.

Typische Probleme und Lösungsmöglichkeiten

- Hilfe, es geht nicht auf!

  ➔ Idealerweise lässt sich die Anzahl der Lernenden durch die Anzahl der Unterthemen teilen. Wenn dies nicht der Fall ist, können zwei Gruppenmitglieder dasselbe Thema bearbeiten. Besteht die Gruppe z. B. aus 18 Lernenden bei vier Subthemen, dann bilden sich je 2 Stammgruppen mit 4 und je 2 Gruppen mit 5 Mitgliedern. In den 5er-Gruppen wird ein Unterthema dann von zwei Teilnehmenden übernommen. In den beiden 5er-Gruppen sollten jeweils unterschiedliche Unterthemen doppelt besetzt sein, damit nicht eine Expertengruppe zu groß wird.

- Die Expertengruppen arbeiten unterschiedlich schnell.

  ➔ Weisen Sie auch während der Gruppenarbeit auf die zeitlichen Rahmenbedingungen hin, deren Einhaltung für den weiteren Verlauf der Gruppenarbeit notwendig ist. Es müssen alle Expertengruppen abgeschlossen sein, bevor die Präsentationen in den Stammgruppen beginnen können.

- Einzelne Präsentationen sind schwach oder unverständlich.

  ➔ Im Plenum wird die Möglichkeit gegeben, nochmals nachzufragen.

WÄHREND DIE ANDEREN ARBEITEN ...

18. DIE FRAGE DER EINMISCHUNG

Viele von Ihnen kennen es vielleicht auch, dieses Kontrollbedürfnis, das einen immer dann beschleicht, wenn die Teilnehmenden für sich oder miteinander arbeiten. Unweigerlich drängen sich dann Fragen auf wie: „Arbeiten die wirklich noch an der Sache oder träumen die nicht viel mehr vor sich hin oder erzählen sich gar von ihren spannenden Wochenenden?". Verantwortung an die Gruppe abzugeben, ist viel leichter gesagt als getan und ein wichtiger Bestandteil erfolgreicher Gruppenarbeit.

Bitte vermeiden

- Das „kontrollierend" wirkende Herumgehen im Raum
- Das sich ungebetene Dazusetzen zu den einzelnen Gruppen
- Das sich Einmischen in die Diskussion der Gruppenmitglieder

Auch wenn sich für diese Verhaltensweisen unverdächtige Argumente finden lassen, wie z. B.: „Die Gruppen brauchen Hilfe, wenn Fragen auftauchen", „Ich muss mir ein Bild vom Leistungsstand der Teilnehmenden machen", „Wenn ich nicht dabei bin, kann ich die Auswertung nicht solide genug leisten", sollten Sie diese Vorgehensweise möglichst vermeiden.

Wenn die Teilnehmenden das Gefühl haben, beobachtet und bewertet zu werden, wirkt sich das in den meisten Fällen negativ auf den Gruppenprozess aus, z. B. sinkt die Bereitschaft der Gruppenmitglieder, auch kritische Standpunkte zu vertreten, oder die Gruppenverantwortung für die Bearbeitung der Aufgabe wird abgegeben. Besser ist es, den Gruppen vor der Arbeit mitzuteilen, dass man zwar am Platz bleibt, aber jederzeit erreichbar ist, wenn man gebraucht wird. Damit respektiert man die Autonomie der Arbeitsgruppe und kommt nur ins Spiel, wenn die Gruppen dies ausdrücklich wünschen. Ein derartiges Verhalten seitens des Seminarleiters signalisiert „Ihr seid für eure Arbeit in der Gruppe verantwortlich".

Ein genauer, visualisierter Arbeitsauftrag und die Sicherstellung der Arbeitsfähigkeit der Gruppenmitglieder vor Beginn der Gruppenarbeit reduzieren die Notwendigkeit, sich während der Gruppenarbeitsphase einzumischen. Die Zurückhaltung bedeutet nicht, dass man kein „dezentes Ohr" haben soll, um beispielsweise mitzubekommen, dass der Arbeitsauftrag nicht verständlich war. Wenn die Gruppenarbeit nicht läuft, sollten die Teilnehmenden ins Plenum zurückgeholt werden, um die Unklarheiten auszuräumen.

Kein „Bitte nicht stören!"

Wird das Seminar von zwei Seminarleitern geleitet, ist es wichtig zu beachten, während der Gruppenarbeit kein Gespräch zu beginnen, das nach außen hin den Eindruck erweckt, eine Störung sei nicht erwünscht. Die Leiter sollen jederzeit als Ansprechpartner zur Verfügung stehen.

19. UND WENN DIE ZEIT NICHT REICHT?

An dem in der Planung festgelegten Zeitablauf sollte nicht bedingungslos (und gnadenlos) festgehalten werden, denn der tatsächliche Zeitbedarf für die Bearbeitung der Gruppenaufgabe kann sich von dem in der Planung angenommenen deutlich unterscheiden. Dennoch ist es sinnvoll, bestimmte zeitliche Rahmenbedingungen festzulegen und diese dann flexibel in Rücksprache mit den Gruppen zu gestalten.

Zeitmangel, was nun?

Der Seminarleiter sollte sich gegen Ende der Gruppenarbeit einzeln bei jeder Kleingruppe darüber informieren, wie lange diese noch für die Bearbeitung der Aufgabe benötigen. Stellt sich bei dieser Umfrage heraus, dass einige Gruppen noch mehr Zeit brauchen, kann der Seminarleiter öffentlich die Verlängerung der Arbeitszeit bekannt geben. Eine Zeitspanne von 5 bis 10 Minuten (diese Zeit kann man pünktlichen Kleingruppen als Wartezeit zumuten) sollte der Seminarleiter als Zeitpuffer in seine Gesamtplanung deshalb immer einbauen.

Wenn für die Präsentation der Ergebnisse eine Folie oder ein Poster gestaltet werden soll, dann empfiehlt es sich zu einem bestimmten Zeitpunkt darauf hinzuweisen, dass mit der Gestaltung der Materialien begonnen werden sollte, da sonst der Zeitplan nicht eingehalten werden kann.

WAS HABEN WIR ERREICHT? ERGEBNISPRÄSENTATION UND AUSWERTUNG

20. WIE KÖNNEN PRÄSENTATIONEN AUSSEHEN?

Durch den Arbeitsauftrag initiiert, entstehen gemeinsame Gespräche oder gemeinsame Aktionen, die Eindrücke bündeln, neue Sichtweisen entstehen lassen und zu Erkenntnisgewinn führen. Dabei ist die Kleingruppenarbeit meist eingebettet in einen größeren Ablaufrahmen. Meist folgt ihr ein Plenum, das dazu dient, die gewonnen Ergebnisse gegenseitig bekannt zu geben oder gemeinsam daran weiter zu arbeiten.

Medien

Je nachdem wie viel Zeit dem Plenum für die Ergebnispräsentation zur Verfügung steht, können unterschiedliche Formen der Präsentation sinnvoll sein. Die gängigsten Varianten sind:

Die mündliche Präsentation

Die Ergebnisse der Kleingruppen werden dem Plenum mündlich, ohne den Einsatz von zusätzlichen Medien, vorgetragen.

Vorteil:
- Weniger zeitintensiv.
- Redundanzen zwischen den Ergebnispräsentationen der einzelnen Gruppen können leicht weggelassen werden.

Nachteil:
- Wichtige Informationen sind nicht festgehalten und gehen leicht verloren.

Die Präsentation anhand von Folien

Die Ergebnisse der Kleingruppen werden dem Plenum anhand einer oder mehrerer Folien präsentiert.

Vorteil:
- Die Arbeitsergebnisse werden festgehalten und visualisiert.
- Folien eignen sich gut als Kopiervorlage für das Protokoll.

Nachteil:
- Bei mehreren Folien in Folge geht der Überblick schnell verloren.

Die Präsentation anhand von Postern

Die Kleingruppenergebnisse werden dem Plenum anhand von Postern präsentiert.

Vorteil:
- „Permanente" Sichtbarkeit (Folie werden im Gegensatz dazu wieder vom Projektor genommen).
- Guter Überblick über die Ergebnisse aller Gruppen, wenn die Poster nebeneinander aufgehängt werden.
- Teilnehmende sind meist sehr motiviert, da sie ein „schönes" Poster erstellen wollen.

Nachteil:
- Aufwändige Gestaltung.

Aufwändigeres Produkt, mehr Engagement!

Ein wichtiger Aspekt, den es zu bedenken gilt, ist, dass in aller Regel die Teilnehmenden der Gruppenarbeit umso engagierter zur Sache gehen, je komplexer das zu erstellende „Produkt" ist. Wird lediglich verlangt, dass am Ende der Gruppenarbeit ein kurzes Statement gegeben wird, so ist die Arbeit in den Gruppen häufig mäßig engagiert. Ein zu erstellendes „schönes Poster" „belebt" die Gruppenarbeit ungemein.

Tipps zur Gestaltung

Wichtige Richtlinien zur Gestaltung von Folien und Postern (z. B. ausreichende Schriftgröße, knappe Formulierungen etc.) können als Tipps mit in den Arbeitsauftrag aufgenommen werden. Sie erleichtern die spätere Präsentation und vermeiden, dass interessante Gruppenergebnisse gestalterischen Mängeln zum Opfer fallen (vgl. Will, 2000).

Besser zu zweit!

Die Kleingruppenergebnisse werden nach Beendigung der Gruppenarbeitsphase anhand der bearbeiteten Materialien (z. B. Folien oder Plakate) von je zwei Gruppenmitgliedern im Plenum vorgestellt. Die Präsentation zu zweit ist deshalb wichtig, ...

a. damit nicht der Eindruck entsteht, dass die Ergebnisse eines Einzelnen vorgestellt werden und

b. damit unterschiedliche Auffassungen in der Gruppe auch für das Plenum sichtbar gemacht werden können.

Wichtige Tipps zum Ablauf

- Meist ist eine Präsentationszeit von ca. 5 Minuten pro Kleingruppe ausreichend. Abhängig vom Arbeitsauftrag kann die Präsentationszeit jedoch deutlich steigen.
- Bei Bearbeitung desselben Themas durch die Kleingruppen werden die nachfolgenden Gruppen gebeten, bei ihrer Präsentation nur noch neue Punkte zu ergänzen.

So wird's spannender ...

Präsentationen sind interessanter und informativer, wenn die Kleingruppen unterschiedliche Arbeitsaufträge erhalten. Dieses Vorgehen bietet sich auch deshalb an, weil:

- Langeweile durch Wiederholung vermieden wird.
- Unterschiedliche Themen, mehrere Aspekte eines Themas oder gegensätzliche Meinungen zu einem Thema bearbeitet werden.
- Die Teilnehmenden von den anderen Kleingruppen Informationen erhalten, die nicht Inhalt ihres Arbeitsauftrages waren.

Merke

Für die Präsentation der Ergebnisse immer ausreichend Zeit einplanen. Jede Gruppe soll die Chance haben, ihre Ergebnisse im Plenum darzustellen. Nur wenn die Arbeit jeder Kleingruppe gewürdigt wird, sind die Teilnehmenden auch in Zukunft motiviert, Gruppenarbeit zu leisten!

Mehr Struktur!

Auch für die Gruppenarbeitsphase der Präsentation kann ein Skript vorgegeben werden, das die genaue Verfahrensweise bei der Präsentation festlegt. Das Skript „Flexible Zettelwand“ wird im folgenden Kapitel exemplarisch dargestellt.

21. SKRIPT FÜR DIE ERGEBNISPRÄSENTATION: FLEXIBLE ZETTELWAND

Ziele

- Die Ergebnisse mehrerer Kleingruppen werden miteinander verbunden.
- Der Prozess der gemeinsamen Arbeit wird deutlich.
- Das Plenum integriert die Einzelergebnisse zu einem Gesamtergebnis und hat dies sichtbar vor sich, in Form einer Zettelwand.

Ablauf

1. Zusätzlich zum inhaltsorientierten Arbeitsauftrag erhalten die Kleingruppen den Hinweis, wie die Ergebnissicherung aussehen soll. Sie werden gebeten wichtige Stichwörter aus Ihrem Gespräch festzuhalten. Jeweils ein Stichwort soll möglichst groß auf einen Zettel (z. B. DIN A6) bzw. eine Karte geschrieben werden.
2. In der folgenden Plenumsrunde hängt jede Kleingruppe ihre Zettel mit den wichtigsten Stichwörtern auf.
3. Eine Gruppe beginnt mit dem Vorlesen und der Erläuterung ihrer Zettel.
4. Der Seminarleiter ordnet die Zettel gemeinsam mit den Seminarteilnehmenden neu an. Inhaltlich zusammengehörende Zettel werden untereinander aufgehängt. Wenn ein Stichwort ein neues Thema anspricht, wird es auf der Waagrechten daneben gehängt.
5. Dann folgen die nächsten Gruppen. Ihre Zettel werden in der gleichen Weise aufgehängt.
6. Auf diese Weise werden durch die Häufung einzelner Zettel inhaltliche Schwerpunkte deutlich, mit denen bei Bedarf weitergearbeitet werden kann.
7. Der Seminarleiter fasst die wichtigsten Ergebnisse der flexiblen Zettelwand zusammen.

Zeitaufwand

Mindestens 30 Minuten

Variante

Statt einfacher DIN A6 Blätter oder Kärtchen können Zettel in unterschiedlichen Farben und Formen verwendet werden. Sollen z. B. Vor- und Nachteile eines Themas erarbeitet werden, können rote (Nachteile) und grüne (Vorteile) Zettel beschrieben werden.

Typische Probleme und Lösungsmöglichkeiten

- Die Kleingruppen setzten sich unter den „Leistungsdruck“, möglichst viele Zettel zu beschriften.

    ➔ Der Seminarleiter gibt explizit den Hinweis, dass es nicht auf die Anzahl der Zettel ankommt und nur die Stichwörter festgehalten werden sollen, die der Kleingruppe wichtig sind.

- Kleingruppen sortieren Zettel aus, die bereits an der Zettelwand hängen.

    ➔ Oft kann es gerade sinnvoll sein zu sehen, wie häufig ein bestimmtes Thema genannt wird, deshalb sollte der Seminarleiter darum bitten, auch solche Stichwörter einzubringen, die bereits sichtbar sind. Hier genügt es dann, den Zettel ohne weitere Erläuterung aufzuhängen.

- Manche Stichwörter lassen sich nicht zuordnen.

    ➔ Stichwörter, die sich nicht auf Anhieb zuordnen lassen, werden gesondert aufgehängt und später integriert oder aber als Extrakategorie belassen.

22. WAS SAGT UNS JETZT DAS GANZE?

Die Auswertung ist nach der Präsentation und Diskussion der Gruppenergebnisse nicht zu Ende. Auswertung heißt vielmehr, gemeinsam herauszuarbeiten, was aus den Beiträgen der einzelnen Gruppen für die weitere Arbeit wie verwendet werden soll.

Impulse geben!

Geeignete Impulse nach der Präsentation der Ergebnisse sind z. B.:

- Was war Ihnen/Euch besonders wichtig?
- Können Konsequenzen für Ihre/Eure Praxis gezogen werden?
- Was sollen wir vertiefen?
- Welches Fazit ziehen Sie/zieht Ihr?
- Was nehmen Sie/nehmt Ihr mit nach Hause?

Diese Verwertungsarbeit sollte visuell unterstützt und für die weitere Arbeit schriftlich festgehalten werden.

Ergebnisse integrieren

Die Aufgabe des Seminarleiters kann auch darin bestehen, sich während der Präsentation der Gruppenergebnisse Notizen zu machen, um mit den Teilnehmenden im Anschluss an die Präsentation gemeinsam herauszuarbeiten, wo es Übereinstimmungen zwischen den Ergebnissen gibt, wo Unterschiede liegen, und an welcher Stelle Unsicherheiten auftreten, die noch geklärt werden sollen. Die Vernetzung der Einzelergebnisse zu einem Ganzen erfordert dabei eine hohe Sachkompetenz des Seminarleiters.

Merke

Eine zusätzliche Aufgabe des Seminarleiters in der Phase der Auswertung ist es, darüber zu wachen, dass ...

- Verbesserungsvorschläge konstruktiv und differenziert vorgebracht werden,
- sich alle Mitglieder einer Gruppe mit dem Ergebnis identifizieren können oder aber abweichende Meinungen innerhalb der Gruppe zugelassen werden.

DARF'S NOCH EIN BISSCHEN MEHR SEIN?

23. LITERATURHINWEISE

Literatur zum Thema Gruppenarbeit und Präsentation findet sich wie Sand am mehr. Doch nicht jedes Buch hält, was es mit blumigen Worten verspricht. Deshalb wollen wir Ihnen hier eine kleine Auswahl von Büchern vorstellen, die unseren Erfahrungen nach Gruppenprozesse in der Praxis erfolgreich begleiten.

Arbeitsgruppe Hochschuldidaktische Weiterbildung an der Albert-Ludwigs-Universität Freiburg im Breisgau (1998). *Besser Lehren. Praxisorientierte Anregungen und Hilfen für Lehrende in Hochschule und Weiterbildung. Heft 2. Methodensammlung*. Weinheim: Deutscher Studienverlag.

Knoll, J. (1997). *Kleingruppenmethoden. Effektive Gruppenarbeit in Kursen, Seminaren, Trainings und Tagungen* (2. Aufl.). Weinheim: Beltz.

Weidenmann, B. (2001). *Erfolgreiche Kurse und Seminare* (4. Aufl.). Weinheim: Beltz.

Will, H. (2000). *Mini-Handbuch Vortrag und Präsentation. Für Ihren nächsten Auftritt vor Publikum*. Weinheim: Beltz.

Anhang Skript-Merkkarten

In diesem Anhang werden die einzelnen Skripte nochmals in Form von Karten dargestellt. Es werden in prägnanter Weise die Hauptziele, der Zeitaufwand, der Ablauf sowie typische Probleme und Lösungsmöglichkeiten zusammengefasst. Die Karten sind insbesondere für die folgenden Zwecken gedacht:

- Sie dienen als Nachschlagesammlung, wenn Sie sich überlegen, welche konkrete Methode des kooperativen Lernens Sie einsetzen wollen.
- Sie eignen sich in verkleinerter Form als Karteikärtchen in einer selbst angelegten Methodensammlung.
- Sie haben sich in vergrößerter Form als Kleinplakate bei der Weiterbildung von Lehrern oder Dozenten in Gruppenarbeit bewährt.

PARTNER-KURZAUSTAUSCH

Hauptfunktion

Initiierung von Fragen und Diskussion

Zeitaufwand

Mindestens 10 Minuten

Ablauf

1. Die Teilnehmenden hören einen kurzen Vortrag oder ein Kurzreferat.
2. Die Teilnehmenden werden gebeten, sich mit ihrem Nachbarn kurz über die dargebotenen Inhalte auszutauschen.
3. Die Teilnehmenden stellen die im Zweieraustausch aufgetretenen Fragen im Plenum vor und diskutieren sie gemeinsam mit den anderen Teilnehmenden und dem Referenten.

Typische Probleme und Lösungsmöglichkeiten

- Die Lernenden tauschen sich nicht ernsthaft aus oder besprechen Privates.

  → Erklären Sie den Lernenden den Sinn dieser Aktivität.

- Wählen Sie eine interessante und anregende Frage mit hohem „Aufforderungscharakter“ aus.

  → Gehen Sie ernsthaft auf die anschließenden Teilnehmerbeiträge im Plenum ein.

PRO UND KONTRA

Hauptfunktion

Unterschiedliche Aspekte eines Themas herausarbeiten
Sich in andere Argumente hineinversetzen

Zeitaufwand

Mindestens 50 Minuten

Ablauf

1. Das Thema, über das diskutiert werden soll, wird genannt und visualisiert.
2. Die Gesamtgruppe wird in zwei Parteien eingeteilt: eine „Pro“- und eine „Kontra“-Gruppe.
3. Die Gruppen denken sich eine kurze Zeit in ihre „Pro-“ oder „Kontra-Sicht“ des Themas ein.
4. Anschließend nehmen die Mitglieder beider Gruppen abwechselnd Stellung zum Thema, d. h. erst eine Pro-Meinung, dann eine Kontra-Meinung usw.
5. Im Plenum werden dann gemeinsam die wichtigsten Punkte zusammengetragen.

Typische Probleme und Lösungsmöglichkeiten

- Das Thema bietet nicht genügend vernünftige Ansatzpunkte für beide Sichtweisen.
  - ➔ Wählen Sie ein Thema, das sowohl sinnvolle Pro- als auch Kontra-Argumente ermöglicht.
- Den Teilnehmenden fällt es schwer, Argumente zu generieren, die nicht ihren Überzeugungen entsprechen.
  - ➔ Weisen Sie die Teilnehmenden zu Beginn der Gruppenarbeit explizit darauf hin, dass die Aufgabe auch darin besteht, sich in andere Positionen hinein zu versetzen.
- Die Teilnehmenden „kippen“ im Verlauf des Argumentationsaustausch und vertreten plötzlich die andere Position.
  - ➔ Machen Sie den Teilnehmenden vor Beginn der Gruppenarbeit klar, dass sie die eingenommene Position wie in einem Rollenspiel beibehalten sollen.

ONKEL-OTTO-ZETTEL

Hauptfunktion

Ideen und Argumente produzieren
Verschiedene Aspekte eines Themas wahrnehmen

Zeitaufwand

Mindestens 40 Minuten (bei vier Gruppen)

Ablauf

1. Jede Kleingruppe erhält ein Plakat mit einem angefangenen Satz, den es durch die Gruppe zu ergänzen gilt. Dabei gibt es so viele Plakate, wie es Kleingruppen gibt. Nach einer vorgegebenen Zeit werden die Plakate weitergegeben. Die Gruppen generieren so lange Satzergänzungen, bis jede Kleingruppe alle Plakate bearbeitet hat.
2. Die Plakate werden im Plenum sichtbar aufgehängt und vorgelesen.
3. Es folgt eine Diskussion der Ergebnisse im Plenum.

Typische Probleme und Lösungsmöglichkeiten

- Für die letzten Gruppen, die ein Plakat bearbeiten, ist nicht mehr genügend Platz zum Schreiben vorhanden.

  ➔ Halten Sie ein weiteres Plakat mit demselben Satzanfang bereit, auf dem die Kleingruppen weiter schreiben können.

SANDWICH-SKRIPT

Hauptfunktion

Aktivierung und Reflektion von Vorwissen

Zeitaufwand

Mindestens 60 Minuten

Ablauf

1. Kleingruppen beantworten am Beginn der Seminareinheit eine (oder mehrere) auf das Stoffgebiet bezogene Frage(n).
2. Die Ergebnisse der Kleingruppendiskussion werden im Plenum vorgetragen.
3. Im Plenum wird ein neuer Stoff dargeboten (z. B. durch ein Referat).
4. Die Kleingruppen reflektieren über ihre Antworten (Fallen die Antworten nach Darbietung des Stoffes anders aus? Warum ja oder warum nein? Falls ja, inwiefern?).
5. Die Ergebnisse werden im Plenum vorgestellt.

Typische Probleme und Lösungsmöglichkeiten

- Die Lernenden halten ihre Antworten fälschlicherweise für vereinbar mit den neuen Erkenntnissen.

  ➔ Der Seminarleiter konfrontiert die Teilnehmenden mit den Widersprüchen.

- Das Vorwissen der Teilnehmenden ist unterschiedlich, nicht jeder Teilnehmende hat schon Vorwissen.

  ➔ Die Auswahl der Fragen erfolgt teilnehmerorientiert.

SKRIPTKOOPERATION

Hauptfunktion

Verbesserung des Textverständnisses

Zeitaufwand

Mindestens 40 Minuten

Ablauf

1. Teilnehmende (Zweierpaare) lesen einen ersten Textabschnitt.
2. Partner A erklärt Partner B die wichtigsten Textinhalte. Partner B stellt Rückfragen und macht auf Fehler und Auslassungen aufmerksam.
3. Beide Partner lesen den nächsten Textabschnitt.
4. Die Rollen werden getauscht. Partner B erklärt, und Partner A stellt Fragen.
5. Beide Partner lesen den nächsten Textabschnitt.

Dieses Verfahren wird solange fortgesetzt, bis der Text zu Ende ist.

Typische Probleme und Lösungsmöglichkeiten

- Die Partner brauchen zum Lesen der Textabschnitte unterschiedlich lange Zeit.
  - ➔ Geben Sie keine zu langen Textabschnitte vor, so dass die Unterschiede zwischen den Partnern nicht allzu groß werden können.
- Der Zuhörer stellt keine Fragen.
  - ➔ Bereiten Sie ein paar mögliche Rückfragen vor.
- Es erklärt immer nur einer, und der andere hört zu.
  - ➔ Das macht nichts. Beide Partner profitieren trotzdem von dieser Methode.

GEGENSEITIGES AUFGABENSTELLEN: PUZZLE

Hauptfunktion

Vertiefen behandelten Stoffes

Zeitaufwand

Mindestens 40 Minuten

Ablauf

1. Die Kleingruppen fertigen ein Puzzle an. Begriffe oder Satzteile, die paarweise zusammengehören, werden dabei oben und unten an die Linienabschnitte geschrieben. Wenn alle Paare eingetragen sind, wird das Puzzle zerschnitten und an eine andere Gruppe weitergegeben
2. Die Kleingruppen setzen das Puzzle einer anderen Gruppe zusammen.
3. Im Plenum werden die Paare vorgelesen, Fehler korrigiert und Fragen beantwortet.

Typische Probleme und Lösungsmöglichkeiten

- Es werden Puzzles mit zu vielen Teilen gebildet.

  ➔ Geben sie die Anzahl der Puzzleteile vor.

- Die Puzzleteile werden nicht nach ihren inhaltlichen Übereinstimmungen zusammengesetzt, sondern nach der Form.

  ➔ Geben sie die Zuschnittsart in Form von Quadraten vor.

GEGENSEITIGES AUFGABENSTELLEN: VERSTÄNDNISFRAGEN

Hauptfunktion

Vertiefen behandelten Stoffes

Zeitaufwand

Mindestens 30 Minuten

Ablauf

1. Kleingruppen formulieren Fragen und geben sie an eine andere Gruppe weiter.
2. Kleingruppen erarbeiten Antworten auf die erhaltenen Fragen.
3. Kleingruppen stellen ihre Antworten im Plenum vor.

Typische Probleme und Lösungsmöglichkeiten

- Es wurde eine (fast) identische Frage zweimal formuliert.
  - ➔ Auslassen der Frage im Plenum. Fragen nicht zweimal behandeln!
- Es werden trotz anderweitiger Aufforderung Faktenfragen gestellt.
  - ➔ Vorgabe von Fragestämmen.
- Es werden Fragen gestellt, die zu „weitreichend" sind, also auf der Grundlage des behandelten Stoffes nicht beantwortet werden können.
  - ➔ Betonen, dass Gruppen ihre formulierten Fragen auch selbst, zumindest in Ansätzen, beantworten können müssen.
- Die Zeit ist um, bevor alle Fragen im Plenum beantwortet sind.
  - ➔ Betonen, dass es nicht tragisch ist, wenn nicht alle Fragen im Plenum beantwortet werden. Allein durch die Arbeit in der Kleingruppe wird der Stoff schon vertieft.

KOLLEGIALE BERATUNG

Hauptfunktion

Transfer des Gelernten in den Alltag
Beratung durch einen „Gleichgestellten“

Zeitaufwand

Mindestens 50 Minuten

Ablauf

1. Teilnehmende notieren sich in Einzelarbeit eine Lösung für ein bestimmtes Problem aus ihrer Praxis.
2. Es finden sich je zwei Teilnehmende zusammen, die sich nach folgender Struktur abwechselnd beraten. Partner A berichtet über sein Problem und den Lösungsansatz, während Partner B zuhört und Verständnisfragen stellt. Partner B entwickelt gemeinsam mit Partner A Ideen und Verbesserungsvorschläge zum Lösungsansatz von A.
3. Nach 10-15 Minuten wird das Gespräch beendet, und die Rollen werden getauscht.
4. Im Plenum können auftauchende Fragen und Probleme besprochen werden.

Typische Probleme und Lösungsmöglichkeiten

- Die Zeit wird nicht eingehalten.
  - ➔ Weisen Sie vor Beginn der Gruppenarbeit explizit darauf hin, dass die Gesprächspartner auf ein vereinbartes Signal die Rollen tauschen sollen, egal wie weit das Gespräch gekommen ist.
- Die Teilnehmenden können sich nicht beraten, weil sie unterschiedliche Erfahrungshintergründe haben oder sich einfach nicht leiden können.
  - ➔ Überlassen Sie die Gruppenbildung den Teilnehmenden und weisen Sie auf den positiven Aspekt eines gemeinsamen Erfahrungshintergrunds hin.

GRUPPENPUZZLE

Hauptfunktion

Erwerb von Wissen durch gegenseitiges Lehren

Zeitaufwand

Mindestens 90 Minuten

Ablauf

1. Bildung von Stammgruppen und Wahl der Unterthemen.
2. Bildung von Expertengruppen. Die Expertengruppen erarbeiten sich Wissen zu ihren Unterthemen und planen, wie sie ihr gewonnenes Wissen den anderen Mitgliedern ihrer Stammgruppe vermitteln können.
3. Die Experten kehren in ihre Stammgruppen zurück. Jeder Teilnehmende lehrt seinen Gruppenmitgliedern, was in der Expertengruppe erarbeitet wurde.
4. Klärung von Fragen im Plenum.

Typische Probleme und Lösungsmöglichkeiten

- Hilfe, es geht nicht auf!
  - ➔ Zwei Teilnehmende werden Experten desselben Unterthemas.
- Die Expertengruppen arbeiten unterschiedlich schnell.
  - ➔ Weisen Sie auch während der Gruppenarbeit auf die zeitlichen Rahmenbedingungen hin, deren Einhaltung für den weiteren Verlauf der Gruppenarbeit notwendig ist.
- Einzelne Präsentationen sind schwach oder unverständlich.
  - ➔ Im Plenum bietet sich die Möglichkeit, nochmals nachzufragen.